DELIUS KLASING

Robbert Das • Erik von Krause

MANÖVER FÜR SEGLER

Delius Klasing Verlag

Bibliografische Information Der Deutschen Bibliothek
Die Deutsche Bibliothek verzeichnet diese Publikation in der Deutschen Nationalbibliografie; detaillierte bibliografische Daten sind im Internet über »http://dnb.ddb.de« abrufbar.

1. Auflage
ISBN 3-7688-1427-0

Zeichungen: Robbert Das
Umschlaggestaltung: Ekkehard Schonart
Layout: Gabriele Engel
Druck: Ludwig Auer, Donauwörth
Printed in Germany 2003

Delius Klasing Verlag, Siekerwall 21, D - 33602 Bielefeld
Tel.: 0521/559-0, Fax: 0521/559-115
e-mail: info@delius-klasing.de
www.delius-klasing.de

Inhalt

Zu diesem Buch

Bei den Manövern hier handelt es sich ausschließlich um solche mit Kielbooten. Vielleicht sind Sie ein Umsteiger aus der Jolle oder ein »Seiteneinsteiger«, der sogleich auf einem Kielboot – vielleicht einen frischen Segelschein in der Tasche – zu segeln beginnt. Oder Sie sind Crew auf einer Kielyacht, lange genug gewohnt, willig die Anweisungen eines wenig mitteilungsfreudigen Skippers zu befolgen ohne sich bisher zugetraut zu haben, selbst einmal eines dieser Manöver zu fahren.
Der Jollensegler wird sogleich feststellen, dass er in manchen Dingen umlernen muss: Da ist die größere Masse Schiff, mit größerem Drehkreis und erschreckend langem Auslauf. Zu viel Fahrt lässt sich nicht mehr mit Hand oder Fuß aufstoppen. Und aufgepasst: Das ist eine verdammt andere Sache, anstatt so eines Lappens von 8 oder 10 m^2 in einer Halse 40, 50 m^2 über die Köpfe schwingen zu lassen. Wahrscheinlich ist man auch noch niemals unter Segeln ankerauf gegangen, wenn der Wind plötzlich umspringt und man auf Legerwall zu geraten droht.

Moderne kleine Kreuzer sind sicherer und leistungsfähiger geworden: Rollfocks, die den riskanten Segelwechsel auf dem Vorschiff erübrigen, ins relativ sichere Cockpit umgelenkte Fallen und Strecker. Winschen und Batterien von Klemmen, die das Handling erleichtern. Aber je zahlreicher vorhanden die Hilfsmittel, umso größer die Gefahr von Fehlreaktionen in schnellen Manövern – gerade von kleinen Crews.
Und welche wahrhaft fantastischen Möglichkeiten stecken in den heutigen Konstruktionen! Äußerst sensible Trimmeinrichtungen für Rigg und Schoten, bis hin zu den einfachen und doppelten Backstagen, wollen sicher beherrscht sein, will man diese Möglichkeiten voll ausschöpfen.

Die kleinen Kreuzer werden überwiegend zu zweit oder zu dritt gesegelt von einer Crew mit oft recht unterschiedlicher Segelerfahrung. An sie richten sich unsere Basismanöver. Unser Wunsch ist es, diese Crew zu einem Team zusammenzuschweißen, in dem jeder die Aufgaben des anderen jederzeit übernehmen kann. Sei's das optimale Segeln auf allen Kursen zum Wind, der Vorsegelwechsel bei auffrischender Brise oder das Setzen und Bergen des Spinnakers, der gemeinhin als ein schwieriges Segel gilt. Sei's das Reffen, womöglich auf einem im Seegang bockenden Boot, oder das Kreuzen im Strom, das Schleusen und das Segeln in schwerer See oder nach Verlust des Ruders.

Wahrscheinlich werden nur die wenigsten Gelegenheit haben, einmal als Crew auf einer großen Rennyacht – sei es ein Tonner oder gar eine Maxiyacht – zu segeln. Denn dort an Bord läuft manches anders. Die technischen Einrichtungen sind weitaus zahlreicher. Zahlreicher sind aber auch die Hände an Bord. Solche Schiffe zu manövrieren, das ist Logistik, ist auf die Spitze getriebene Ökonomie, ist High Tech-Segeln. Da sind Profis am Werk.

Der Fahrtensegler wird allerdings nur wenig davon selbst praktizieren können. Zum einen wird sein Boot selten so groß sein, zum anderen steht ihm niemals eine entsprechend trainierte Profimannschaft zur Verfügung. Weshalb denn diese trickreichen Manöver von Regatta-Profis überhaupt? Weil es faszinierend, ja geradezu aufregend ist, ihre Manövertechnik hier in allen Phasen verfolgen zu können. Und weil man dennoch die eine oder andere Anregung aufgreifen, ein paar Handgriffe sich abgucken kann, die sich auf die eigene Manöverpraxis eines jeden übertragen lassen.

Segel anschlagen

Dieser kleine Küstenkreuzer ist bereits seeklar gemacht worden. Die Segel sind angeschlagen und können sofort nach dem Auslaufen gesetzt werden:

1 Die Fock ist mit ihren Stagreitern am Vorstag befestigt. Die Schoten sind bereits angeknotet und werden unter das Paket geklemmt. Das Segel wird von einer Sicherungsleine zusammengehalten, damit es nicht vom Wind über Bord geweht werden kann.

2 Die beiden Tampen der Sicherungsleine werden an die Handläufe geknotet, sodass sie entfernt werden kann, ohne dass jemand auf das Vorschiff muss.

3 Die Sicherungsleine soll auch den Kopf des Segels festhalten, damit das Fall sich nicht um das Vorstag wickeln kann.

4 Bevor die Fallen an die Segel geschäkelt werden, ist zu prüfen, ob sie klar vom Vorstag und den Salingen laufen.

5 Das Fockfall wird ein wenig gespannt; die Hebelklemme ist geschlossen. Das Ende des Falls liegt im Cockpit.

6 Das Großfall wird ebenfalls nur wenig auf Spannung gesetzt. Das Ende wird mit einem Achtknoten versehen und liegt im Cockpit.

7 Das aufgetuchte Großsegel ist mit drei Zeisingen gesichert. Diese bestehen aus einem Gurtband vom Segelmacher oder aus einem Tauende, in das ein Auge geknotet oder eingespleißt worden ist. Steckt man das andere Ende des Tampens durch dieses Auge, so kann das Segel stramm zusammengezogen werden. Gummis mit Kunststoffkugeln oder -knebeln sind keinesfalls zu empfehlen, da sie leicht Augenverletzungen verursachen.

8 Der Großbaum wird auf einer Seite des Cockpits fixiert, damit Cockpit und Niedergang frei bleiben. Dazu wird der Traveller an einem Ende der Schiene festgemacht und der Baum mit Schot und Dirk festgesetzt.

9 Vor dem Auslaufen ist darauf zu achten, dass keine Leinen im Wasser hängen, die Schraube oder Welle gefährden können. Die Fockschoten liegen unterschiedlich, da alle Winschen grundsätzlich nur rechtsherum drehen.

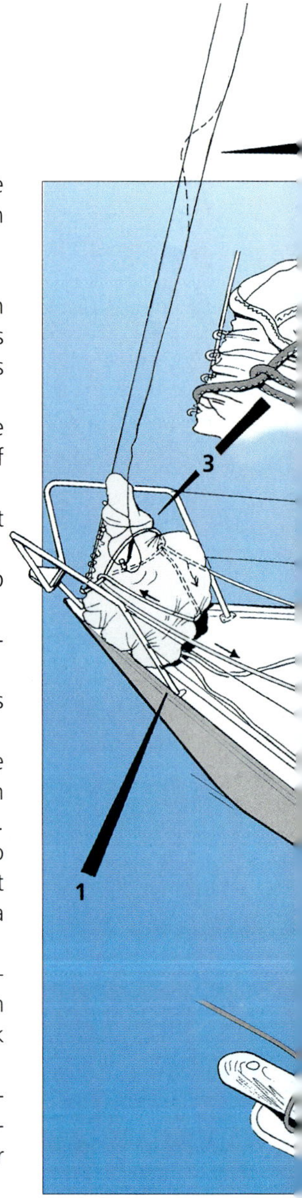

10 Die Winschkurbeln stecken griffbereit in ihren Halterungen.

11 Der Baumniederholer muss lose sein, da sonst das Großsegel nicht richtig gesetzt werden kann.

12 Die Fender werden erst nach dem Auslaufen abgenommen, sollten aber dann keinesfalls vergessen werden.

13 Der Pinnenausleger ist auf der Pinne arretiert, damit er beim Manövrieren nicht stört.

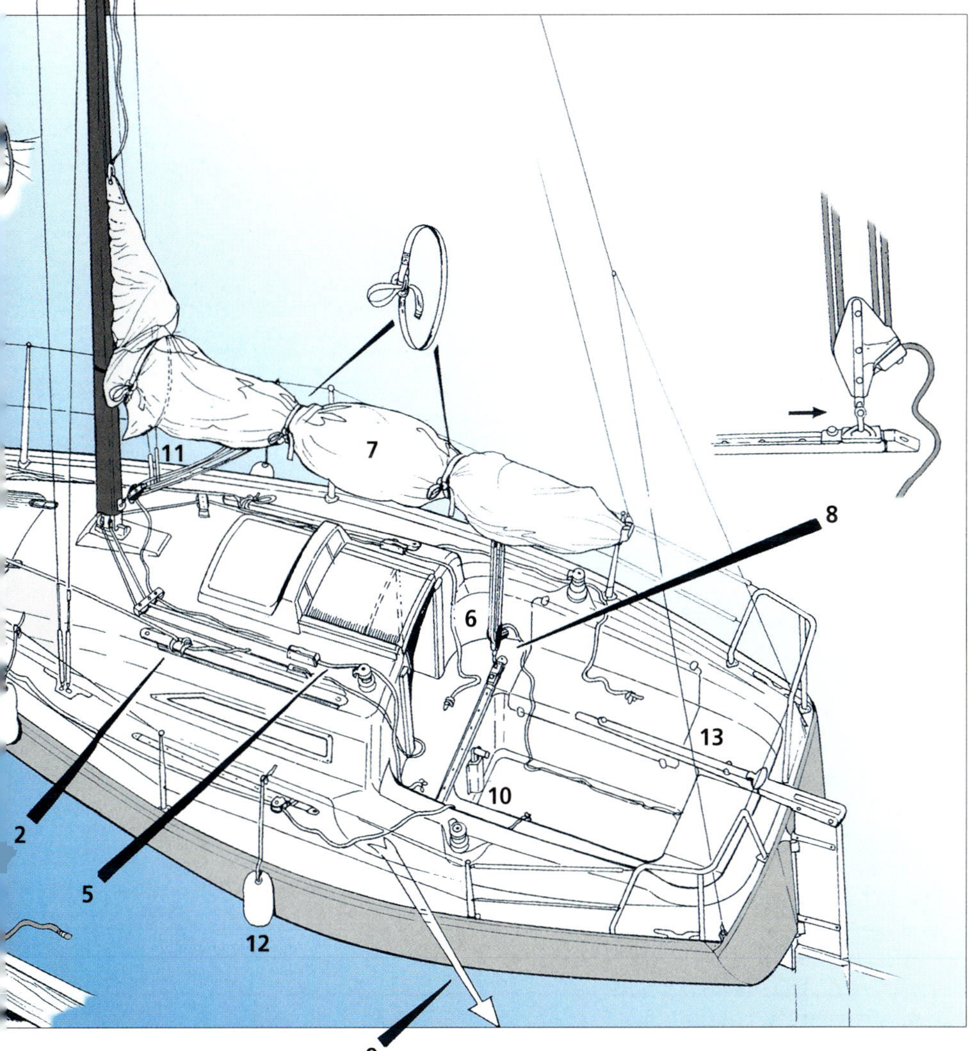

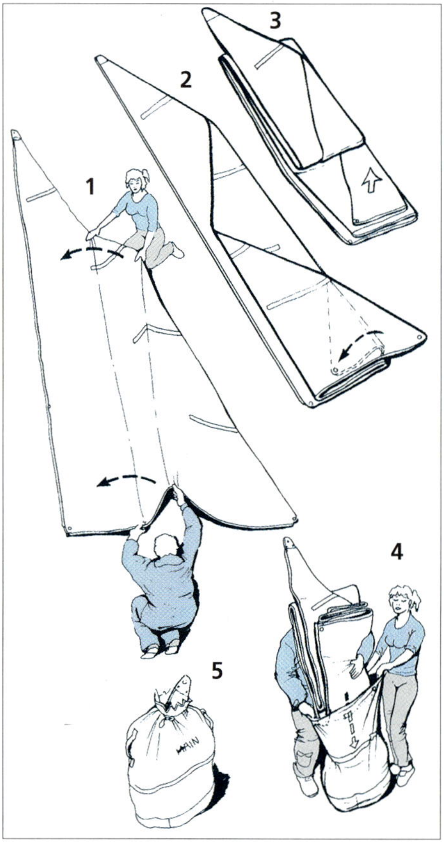

Um ein Segel zu schonen und um es auch leicht anschlagen zu können, ist es sauber zu falten und zu verstauen:

1 In diesem Beispiel wird ein Großsegel (ohne Latten) parallel zum Vorliek gefaltet.

2 Die letzte Ecke des Segels wird untergefaltet.

3 Je nach Größe des Segelsackes wird das Segel zusammengeklappt.

4 Das Segel wird so in den Sack geschoben, dass der Kopf obenauf liegt.

5 Lässt man den Kopf oben aus dem Segelsack herausragen, hat man ihn zum erneuten Segelsetzen sofort zur Hand.

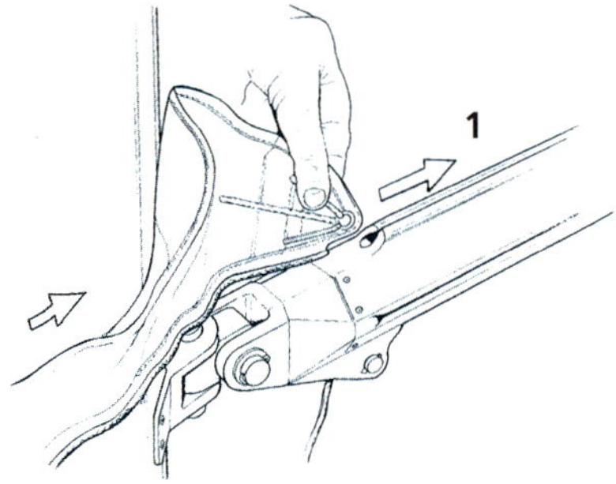

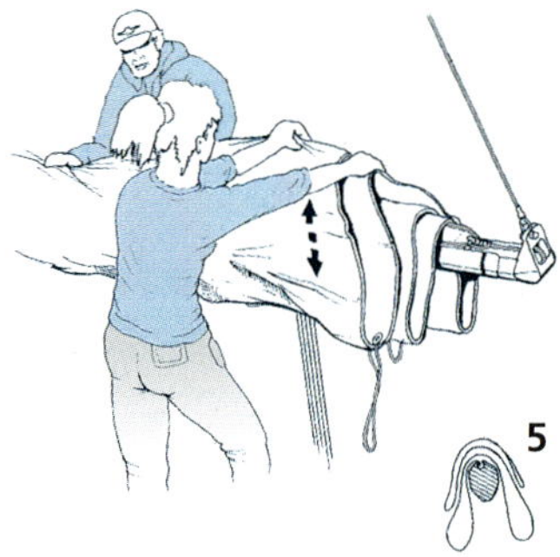

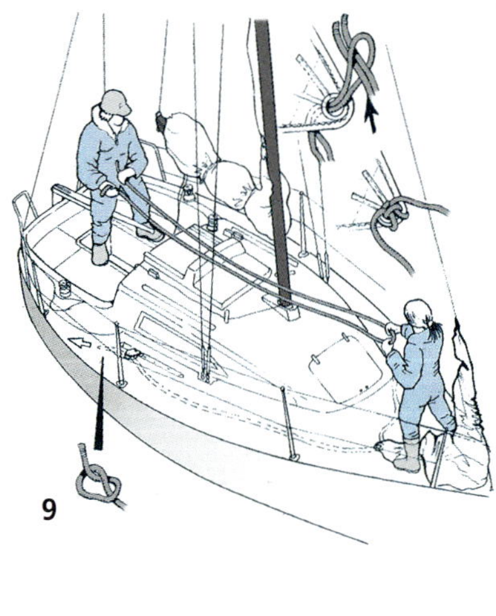

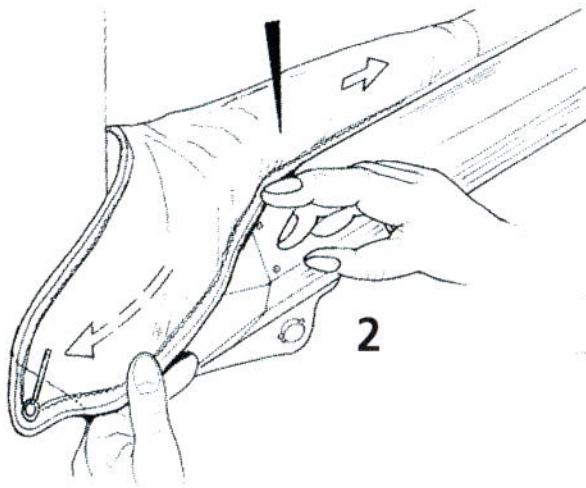
2

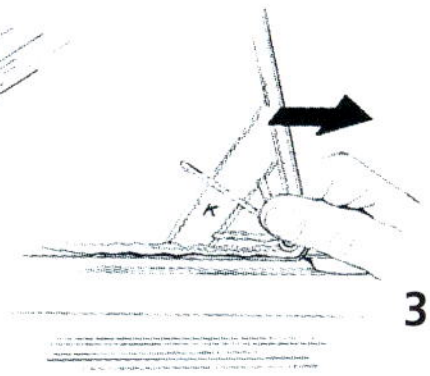
3

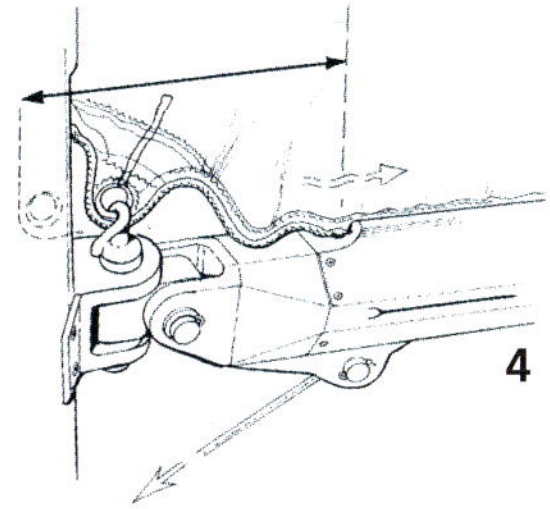
4

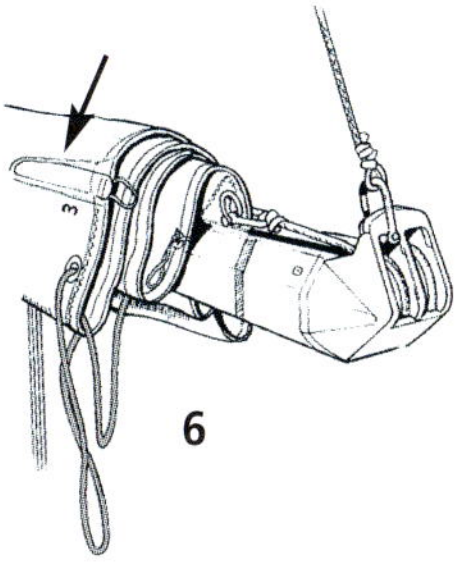
6

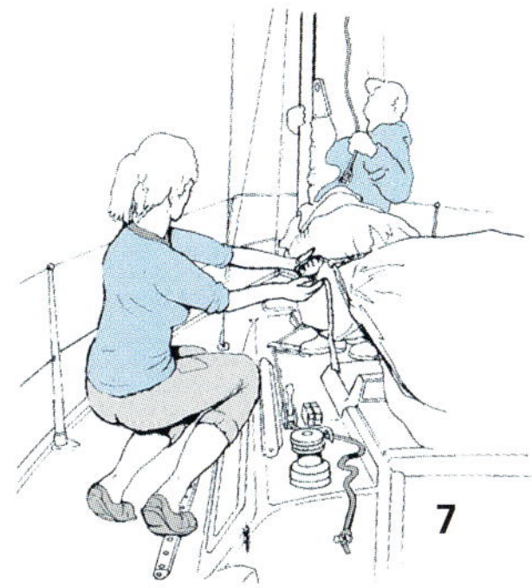
7

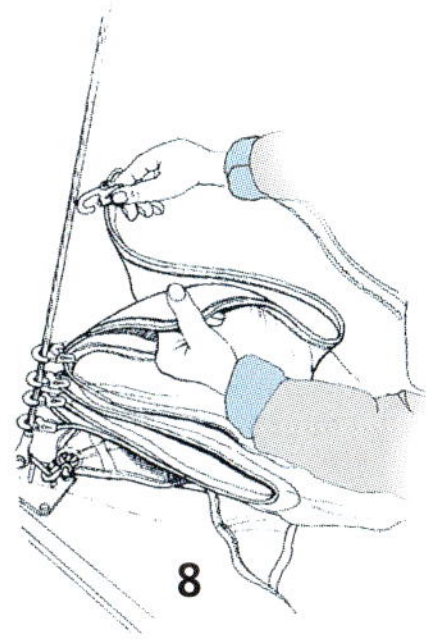
8

1 Bevor das Großsegel in die Nut des Baumes eingeführt wird, ist der Großbaum mit Schot, Traveller und Dirk zu fixieren.

2 Während der Skipper das Schothorn nach achtern zieht, muss die Bordfrau an der Baumnock das Unterliek richtig in die Nut führen.

3 Der Kraftaufwand beim Einziehen des Unterlieks ist oft recht groß.

4 Bevor das Unterliek gestreckt wird, muss der Segelhals befestigt werden. Hier wird die Kausch einfach über einen Haken am Lümmelbeschlag geschoben. Aber auch die Befestigung mit einem Schäkel ist möglich. Anschließend werden die Reffleinen eingebunden.

5 Das Großsegel wird in annähernd gleich großen Falten über den Großbaum gelegt.

6 Zweckmäßig ist es, wenn die Segellatten (Pfeil) vor dem Einstecken durchnummeriert werden, die kürzeste, obere mit 1 beginnend. Hierfür eignet sich ein wasserfester Filzschreiber.

7 Der Kopf des Großsegels wird in die Mastnut eingeführt und das Fall angeschäkelt. Anschließend holt man den Segelkopf etwas auf, hakt aber das Fall hinter eine Mastklampe oder sichert die Fallbucht mit einem Zeising am aufgetuchten Segel, sodass es nicht frei schlagen und sich beim Auslaufen hinter der Saling verhaken kann. Das Fall ist unbedingt am Ende mit einem Achtknoten zu sichern, damit es nicht aus Versehen in den Mast gezogen werden kann. Das aufgetuchte Großsegel wird mit Zeisingen gesichert.

8 Der Hals der Fock wird zuerst befestigt. Anschließend werden die Stagreiter von unten nach oben auf das Vorstag gehakt.

9 Die Fockschot wird so am Schothorn des Segels befestigt, dass beide Enden gleich lang sind. Ein Schäkel wird aus Sicherheitsgründen nicht verwendet. Die Schoten werden durch die Umlenkblöcke geführt und mit je einem Achtknoten im Tampen gesichert.

Segel setzen

Unter guter Seemannschaft versteht man nichts anderes als ein Verhalten an Bord, das der Sicherheit von Crew und Material dient. Sollen die Segel gesetzt werden, so ist darauf zu achten, dass dies in möglichst ruhigem Wasser geschehen kann. Die drei Zeichnungen zeigen dreimal denselben Hafen, der Wind aber weht jedes Mal aus einer anderen Richtung. Der große Vorhafen mit der engen Ausfahrt ist vor Seegang gut geschützt und bietet ausreichend Platz, um in aller Ruhe wenigstens das Großsegel setzen zu können. Der Motor läuft dann bis nach dem Verlassen des Hafengebietes lediglich im Leerlauf mit – aus Sicherheitsgründen.

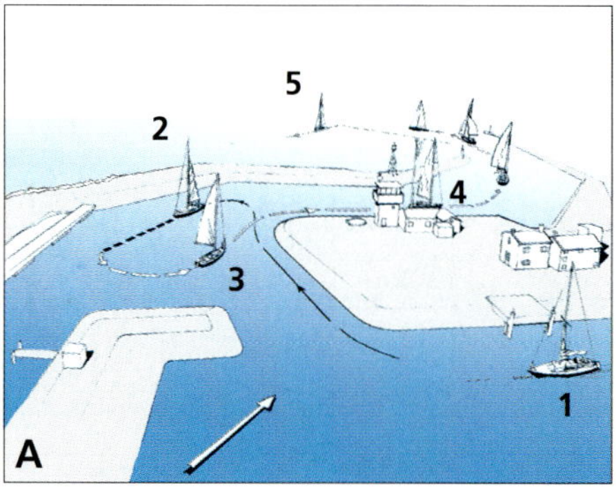

A1 Während das Schiff mit langsamer Fahrt – meist sind in Yachthäfen Höchstgeschwindigkeiten vorgeschrieben – in Richtung Außenhafen läuft, wird das Großsegel vorbereitet.

2 Während das Schiff in den Wind gedreht wird, sollte ausgekuppelt werden. Gleichzeitig sind die Zeisinge abzunehmen, die das Großsegel zusammenhalten. Sobald die Yacht 10 bis 20 Grad gegen den Wind gesteuert wird, kann das Segel vorgeheißt werden. Der Mann oder die Frau am Ruder löst gleichzeitig die Großschot, damit sich das Segel frei im Wind bewegen kann und keinen Druck auf das Boot überträgt.

3 Die Yacht dreht mit gesetztem Großsegel in Richtung Ausfahrt, gegebenenfalls muss die Maschine zu Hilfe genommen werden.

4 Mit langsamer Fahrt – bei viel Wind kann man das Großsegel klappern lassen – wird die Yacht an der rechten Seite der Ausfahrt auf See hinausgesteuert.

5 Nach einer vorsichtigen Halse wird in Lee der Hafenmole, immer noch in ruhigem Wasser, das Vorsegel gesetzt.

B Weht es von See, steht in dem markierten Gebiet in der Hafenausfahrt bereits Seegang. Dann ist es sinnvoll, das Vorsegel bereits vorher zu setzen. Voraussetzungen aber sind genügend Platz und kein einlaufender Schiffsverkehr.

C Der dritte Fall zeigt, dass auch bei ablandigem Wind und ausreichend Platz im Vorhafen das Vorsegel früh gesetzt werden kann. Auf andere ein- oder auslaufende Schiffe ist aber unbedingt zu achten!

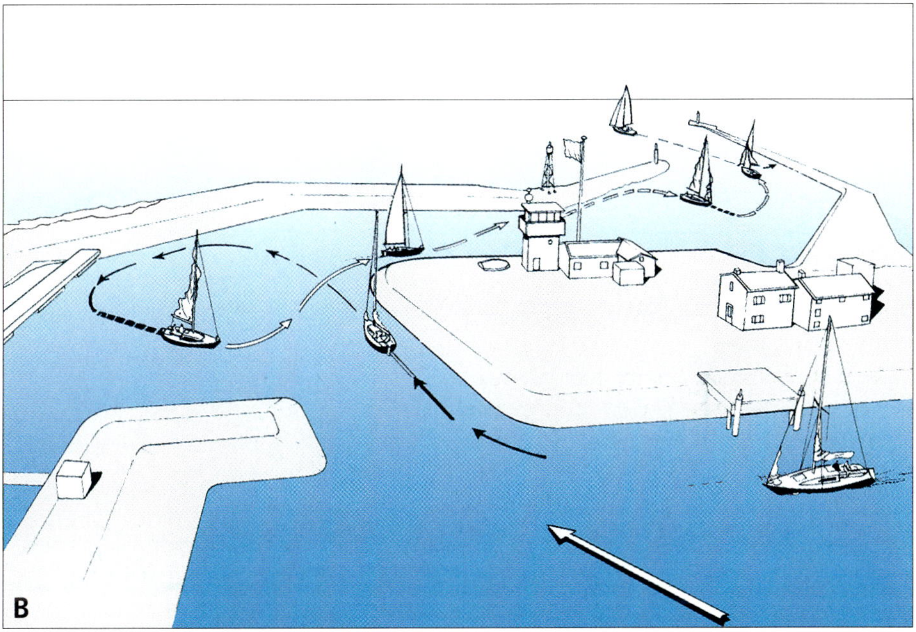
B

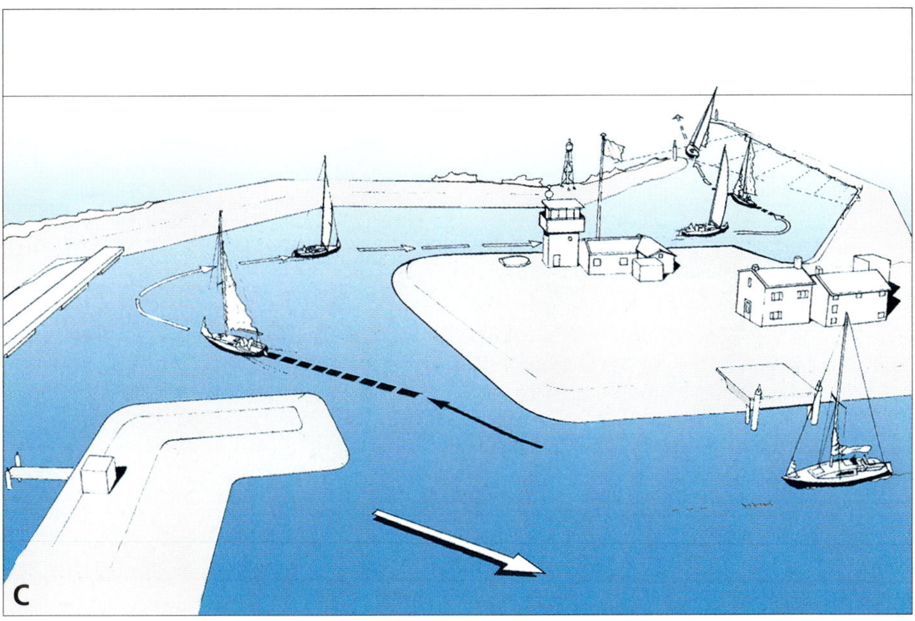
C

1 Wenn das Großsegel gesetzt werden soll, steuert die Bordfrau einen Kurs von etwa 10 bis 20 Grad zur Windrichtung. Als sehr hilfreich haben sich Windfäden in den Wanten etwa zwei bis drei Meter über Deck erwiesen. Baumwollfäden eignen sich dazu besonders gut. Zeigen diese Fäden etwa auf die Mitte des Hecks, läuft man einen für das Setzen des Großsegels richtigen Kurs zum Wind.

Der Großbaum kann dann nicht direkt über dem Cockpit hin- und herschlagen und zu Kopfverletzungen führen. Der Traveller, falls vorhanden, wird ganz nach Lee gefahren und festgesetzt, die Großschot bleibt zunächst dicht.

2 Während dieser Kurs gehalten wird, werden die Zeisinge des Großsegels entfernt.

3 Das Fall ist ein- bis zweimal um die Winsch gelegt. Das Segel wird jetzt Hand über Hand vorgeheißt.

4 Das Fall wird etwas durchgesetzt und mithilfe des Stoppers vor der Winsch belegt.

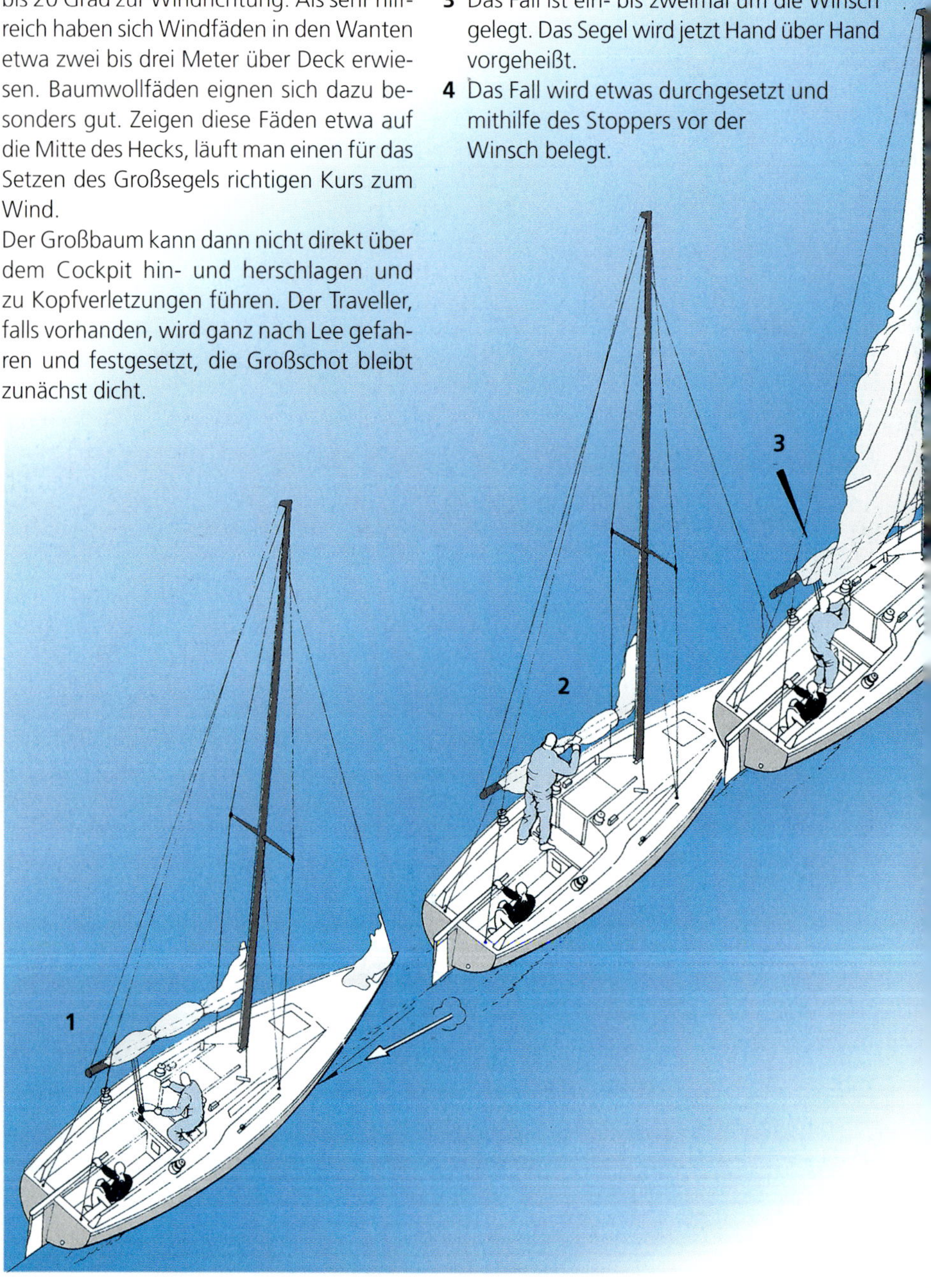

1 Das Großsegel steht halbwegs. Das Setzen ist aber noch nicht beendet – der Feintrimm fehlt noch. Zunächst ist die Großschot zu lösen und das Fall über die Winsch mithilfe einer Kurbel durchzusetzen. Ein guter Anhaltspunkt, wann das Fall stramm genug ist, ist eine gerade beginnende Falte im Großsegel unmittelbar hinter dem Mast und parallel dazu. Wer über einen Unterliekstrecker verfügt, kann diesen je nach Windstärke jetzt einstellen, da noch kein Winddruck auf das Segel ausgeübt wird. Faustregel: Je mehr Wind, desto dichter muss das Unterliek genommen werden. Anschließend ist die Dirk so weit zu fieren, dass sie auch, hoch am Wind segelnd, bei dichter Großschot nicht belastet wird.

2 Jetzt kann auch das Vorsegel gesetzt werden. Wieder ist ein Kurs zu steuern, der den Großbaum vom Cockpit fernhält. Das Vorsegelfall wird wie das Großfall über eine Winsch dichtgekurbelt, bis bei flatterndem Segel und losen Schoten die Andeutung einer leichten Falte parallel zum Vorstag erscheint. Ist das Fall belegt, kann die Schot dichtgenommen werden. Die Maschine kann gestoppt werden, das Segelvergnügen beginnen.

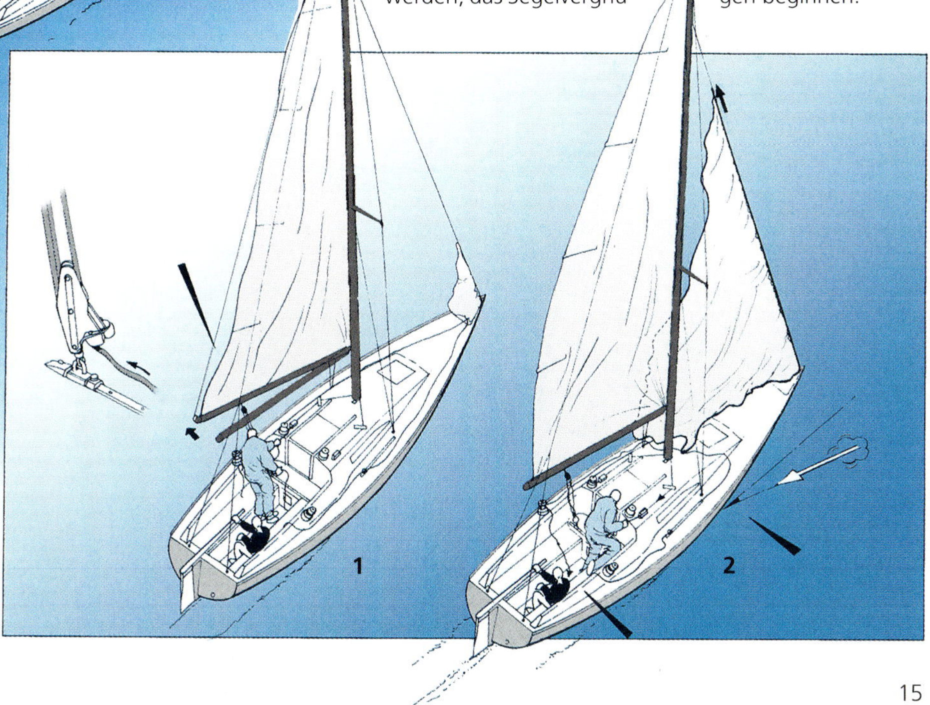

Segeln hoch am Wind

So segelt eine gut ausgetrimmte Fahrtenyacht optimal hoch am Wind:

1 Die Besatzung sitzt vorn im Cockpit, damit der Längstrimm stimmt. Das Heck des Bootes soll nicht in das Wasser tauchen und dadurch eine Welle verursachen.

2 Die Steuerfrau (oder der Steuermann) sitzt möglichst weit in Luv und steuert das Boot mit dem Ausleger. Nur dann können die Trimmfäden in der Genua gut beobachtet und die Wellen optimal ausgesteuert werden.

3 Das zweite Crewmitglied sitzt bequem, aber sicher vor dem Niedergang, die Großschot in der Hand.

4 Der Traveller wird (bei mäßigem Wind) etwas in Lee von der Mittschiffslinie positioniert. Je mehr Wind kommt, desto weiter wird der Traveller nach Lee gefahren.

5 Die Holepunkte der Genuaschoten stimmen.

6 Das Boot wird mit möglichst sparsamen Ruderausschlägen geradeaus gesteuert. Die Trimmfäden der Genua sollten beide anliegen, der Leefaden darf auch ab und zu etwas steigen.

7 Das Boot ist ein wenig luvgierig.

8 Der Windeinfall wird durch Beobachtung des Standers im Masttopp und der Trimmfäden ständig kontrolliert. Im Zusammenspiel mit dem Ruderdruck entwickelt sich bald ein Gefühl für gute Kreuzgeschwindigkeiten unter verschiedenen Wind- und Seegangsbedingungen.

9 Die Winschkurbeln sind sicher verstaut. Nur dann sind sie sofort zur Hand.

10 Die Genuaschoten sind gerade so dicht geholt, dass das Segel die Salinge nicht berührt.

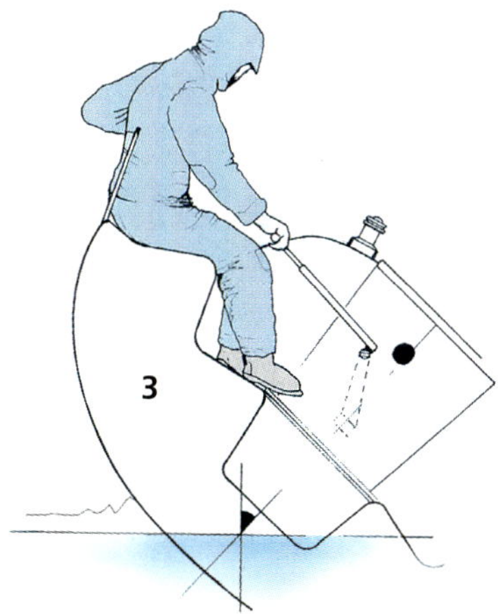

1 Bei wenig Wind sitzt der Steuermann im Cockpit. Mit den Füßen kann er sich gut an der gegenüberliegenden Ducht abstützen. Gesteuert wird ohne den Ausleger.

2 Die Bordfrau sitzt am besten vor dem Steuermann – wenn sie nicht gerade selbst an der Pinne sitzt. Diese Position ist auch auf längeren Strecken bequem, und die Aussicht des Steuermannes wird nicht beeinträchtigt.

3 Bei viel Wind sitzt der Rudergänger auf dem Seitendeck am bequemsten. Er kann sich mit dem freien Arm gut an der Seereling festhalten. Gesteuert wird mit dem Pinnenausleger.

Wer zum ersten Mal hoch am Wind geradeaus segeln will, sollte sich irgendwo auf dem vorausliegenden Land einen festen Punkt suchen.

1 Gesegelt wird zunächst mit einem scheinbaren Windeinfallswinkel von 40 bis 45 Grad. Dabei hilft der Verklicker im Masttopp, dünne Wollfäden in den Wanten sind mindestens ebenso gut.

2 Ein markanter Punkt an Land wird vom Rudergänger über das Vorstag anvisiert.

3 Der Kurs ist möglichst so zu steuern, dass das Objekt an Land immer über das Vorstag peilt.

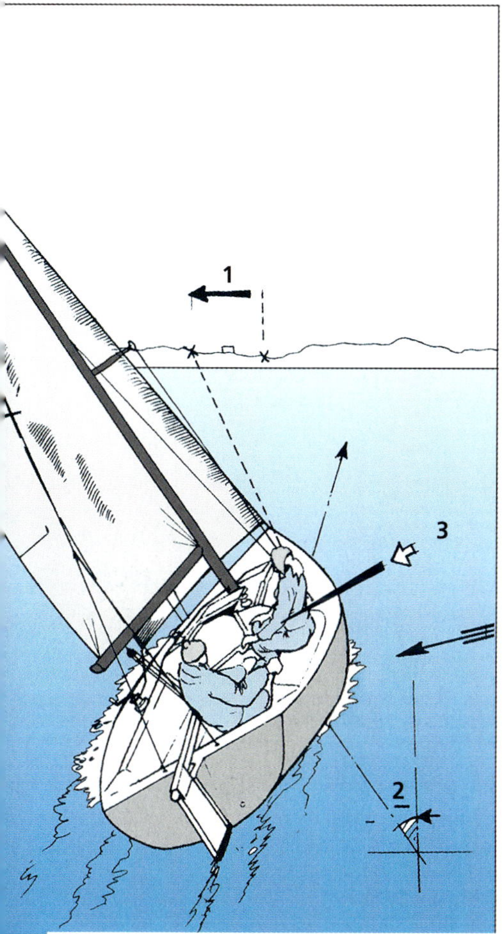

1 Luvt man zu weit an, ist das Objekt an Land nicht mehr zu sehen, sondern verschwindet hinter dem Vorsegel.

2 Waren die Segel zuvor richtig eingestellt, fallen die Vorlieks von Genua und Großsegel ein oder flattern sogar. Der scheinbare Windwinkel wird kleiner, die Krängung nimmt stark ab.

3 Um das Boot wieder auf den richtigen Kurs zu bringen, muss man abfallen, also an der Pinne ziehen.

1 Jetzt ist die Yacht zu weit abgefallen, das anvisierte Objekt ist deutlich in Luv des Vorstages zu sehen.

2 Der Windeinfallswinkel wird größer, das Boot krängt stärker und die Genua erzeugt einen Abwindbauch im Großsegel.

3 Um auf den gewünschten Kurs zurückzukommen, muss angeluvt werden, die Pinne muss etwas nach Lee gedrückt werden.

1 Der Pinnenausleger wird auf die richtige (bequemste) Länge eingestellt.

2 Die Großschot ist jederzeit erreichbar.

3 Die Fallen sind in Klemmen belegt, die losen Enden liegen in der Kajüte, damit das Cockpit aufgeräumt bleibt.

4 Der Traveller ist bei wenig Wind leicht nach Luv gesetzt. Ihn nach Lee zu verschieben ist leichter als ihn nach Luv zu holen.

5 Hin und wieder gilt ein prüfender Blick dem Verklicker.

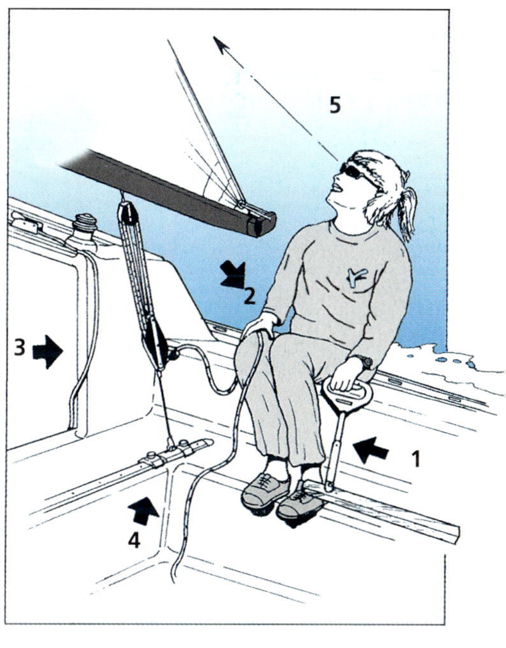

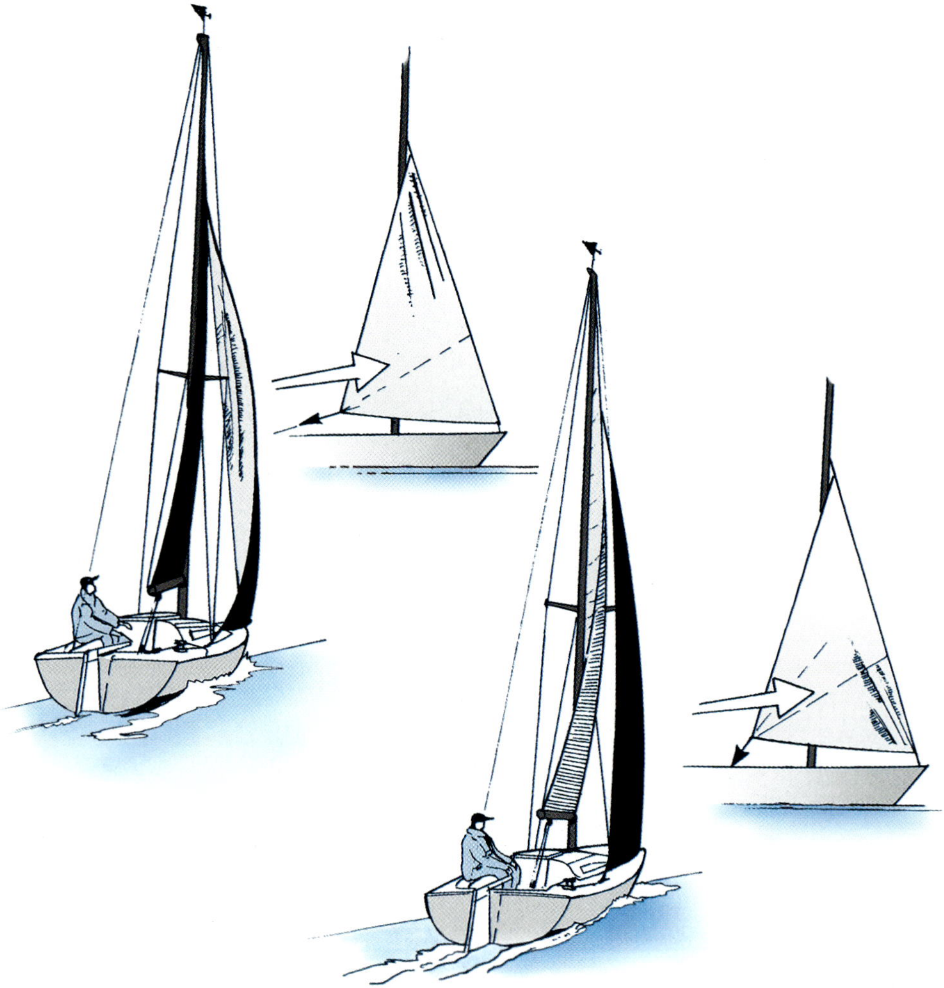

Die Position des Genuaholepunktes ist für den optimalen Vortrieb des Segels entscheidend. Fällt die Genua beim Anluven zuerst im oberen Bereich ein, muss der Holepunkt nach vorn versetzt werden, weil das Unterliek zu stramm gezogen wird (links). Steht das Segelprofil dagegen im oberen Bereich noch gut, fällt aber im unteren Teil leicht ein, steht zu viel Schotdruck auf dem Achterliek, und der Holepunkt ist nach achtern zu versetzen (oben). Die Holepunkte sind auf beiden Bugen individuell einzustellen, da die Genuaschienen selten hundertprozentig symmetrisch auf das Deck geschraubt sind. Unauffällige Markierungen mit einem wasserfesten Filzschreiber sind hilfreich, wenn man unterschiedlich große Vorsegel einsetzt.

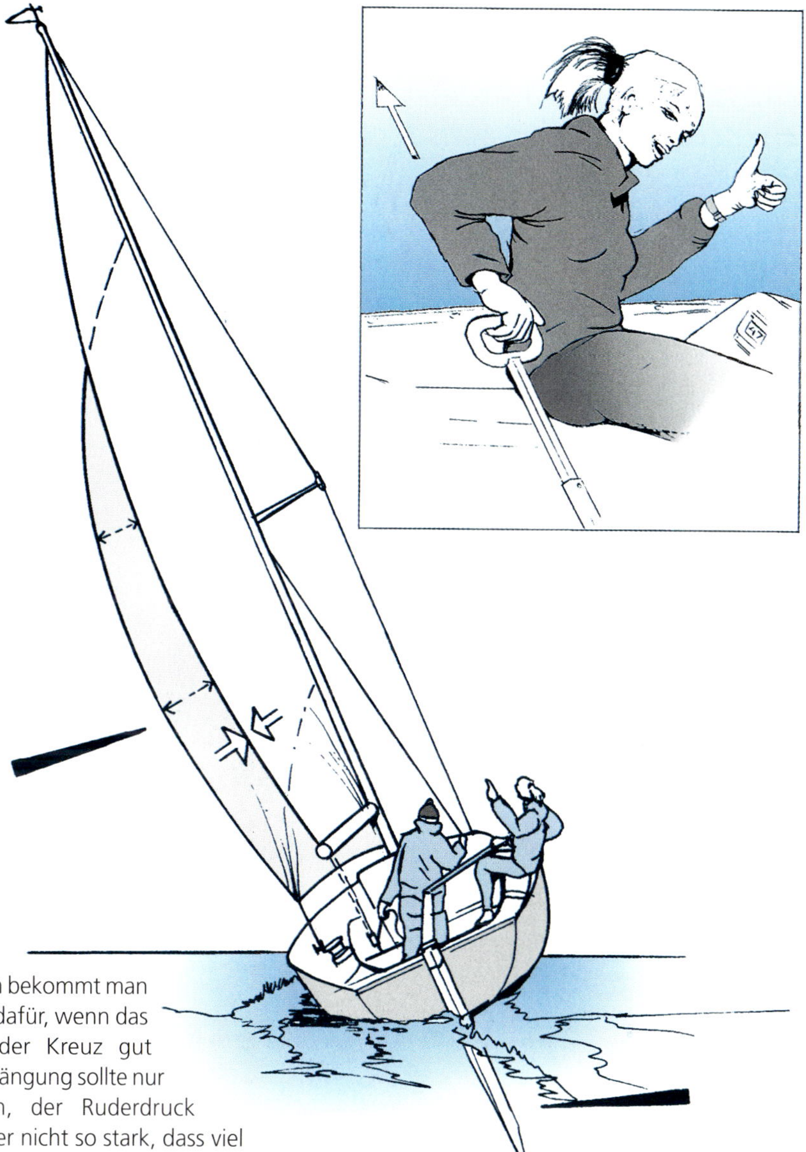

Irgendwann bekommt man ein Gefühl dafür, wenn das Schiff an der Kreuz gut läuft. Die Krängung sollte nur mäßig sein, der Ruderdruck spürbar, aber nicht so stark, dass viel Kraft aufgewendet werden muss, um die Yacht auf einem geraden Kurs zu halten. Mithilfe der Großschot lässt sich der Ruderdruck sehr einfach erhöhen beziehungsweise verringern. Vor- und Großsegel sollten so aufeinander abgestimmt werden, dass die Achterlieken beider Segel in etwa parallel verlaufen.

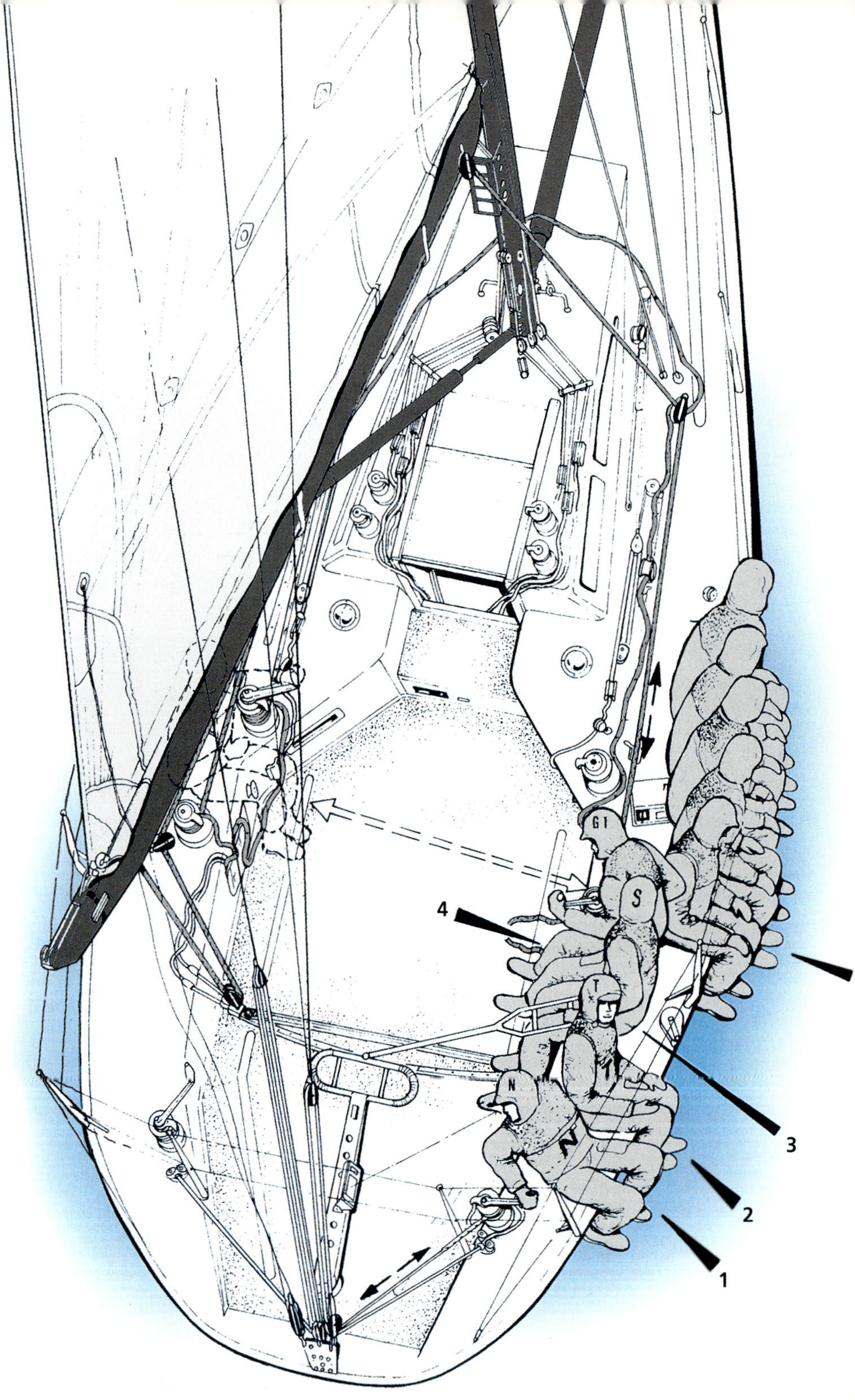

G1
S
T
N
4
3
2
1

Der Segeltrimm

Der Bootstrimm an der Kreuz wird normalerweise von zwei, höchstens drei Personen erledigt. Die Zeichnung stellt die Yacht Diva dar, die das größte Boot im Admiral's Cup-Team 1985 war.

1 Der Navigator (N) hat als letzter Mann das Backstag (auf der Winsch) und das Achterstag (in der Curry-Klemme) zu bedienen. Die Belastung des Backstages wird auf einem Anzeigegerät auf der Pinne dargestellt, sodass der Navigator dem für den Trimm Verantwortlichen die momentane Belastung immer genau angeben kann. Das Gerät auf der Pinne – eine Tochteranzeige des Decca-Gerätes ist dort ebenfalls eingebaut – ist klappbar, damit es der Navi von beiden Kanten aus gut sehen kann.

2 Der Taktiker (T) sitzt auf der Kante und beobachtet Wind, Wetter und die Konkurrenz. Er bespricht notwendige Entscheidungen mit dem Navigator und

3 dem Steuermann (S).

4 Der Großschotmann (G1) bedient Traveller und Großschot nach Absprache mit dem Steuermann. Er kontrolliert auch ab und zu die Genua.

5 Die Crew sitzt geschlossen auf der Kante.

An der Kreuz werden abhängig von Windstärke und Seegang zwei völlig unterschiedliche Trimmvarianten angewandt. In der linken Zeichnung (zur besseren Übersicht haben wir das Großsegel weggelassen) steht das gesamte Rigg unter hoher Spannung, die Schoten sind dicht. Das Schiff soll bei glattem Wasser eine gute Höhe bei möglichst hoher Geschwindigkeit laufen und dabei eine nur geringe Abdrift haben. In der rechten Zeichnung ist angedeutet, wie der Trimm bei starkem Seegang generell auszusehen hat – das Rigg und da vor allem das Backstag ist nicht völlig dichtgesetzt. Mit ganz leicht gefierter Genuaschot wird so eine etwas stärkere Kraft nach vorn erzeugt, damit das Boot besser durch den Seegang läuft. Die Abdrift ist dann etwas größer. Die Zeichnung darüber stellt den Belastungssensor des Vorstags dar.

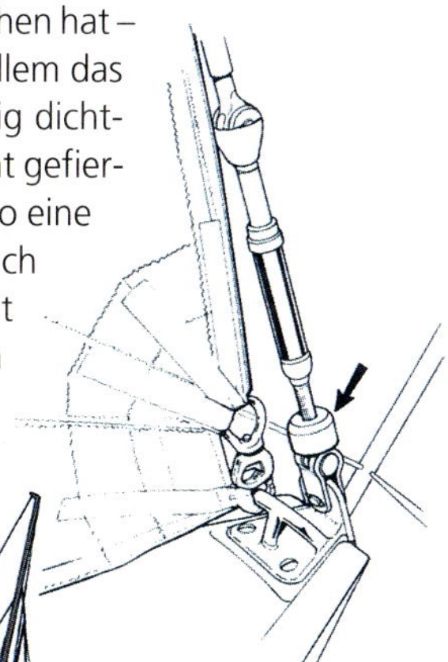

Wie gesehen, kann bei starkem Seegang die notwendige höhere Vortriebskraft durch leichtes Fieren der Schot und durch ein etwas loseres Backstag erzeugt werden. Eine andere Möglichkeit ist die Veränderung des Genuaholepunktes. Wird der Holepunkt zurückgenommen, öffnet sich das Vorsegel im oberen Bereich. Fällt der Steuermann dann nicht ab, ist der Effekt sehr gut an den oberen Windfäden zu erkennen – links liegt die Strömung gerade noch an, rechts ist sie bereits abgerissen. Der Genuatrimmer muss dann darauf achten, dass der Steuermann nicht zu viel Höhe läuft und damit das Schiff bremst.

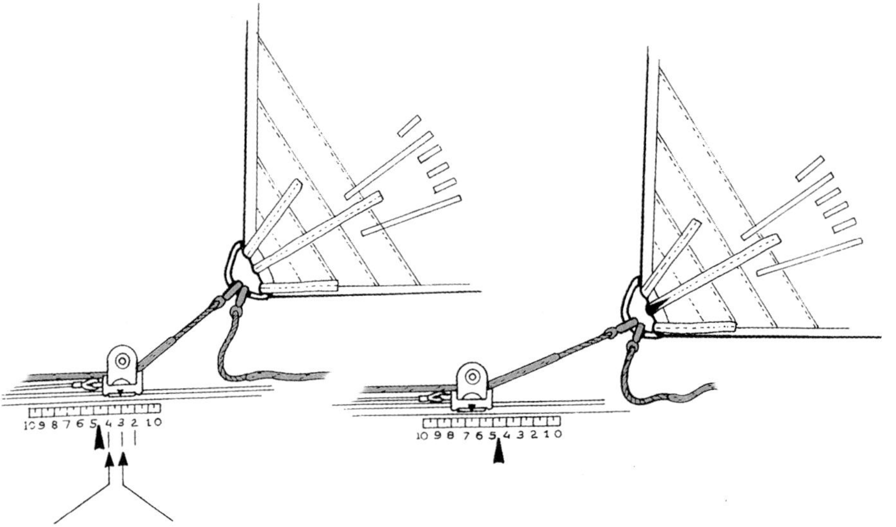

Trimmstreifen an den Holepunkten sind sehr hilfreich, wenn bei Seegang versucht wird, die optimale Synthese aus Höhe am Wind, Bootsgeschwindigkeit und Abdrift zu finden. Durch die Zahlen auf den angeklebten Streifen lassen sich die Stellungen des Schotschlittens einfach rekonstruieren. Wenn der gesamte Bootstrimm unter verschiedenen Bedingungen gar mithilfe eines Computers erfasst werden soll, sind Hilfen dieser Art unentbehrlich. Die Zeichnung unten zeigt die gleichzeitige Verwendung von zwei Genuaschienen, wenn der Holepunkt nach außen verschoben werden soll.

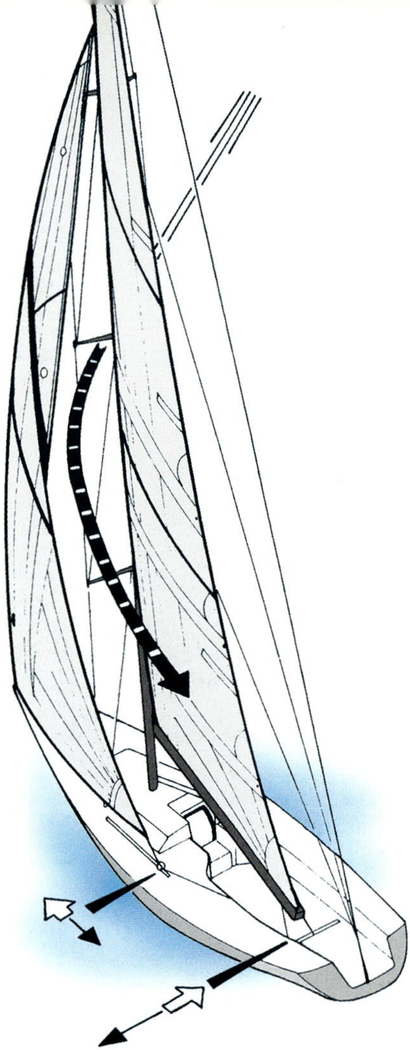

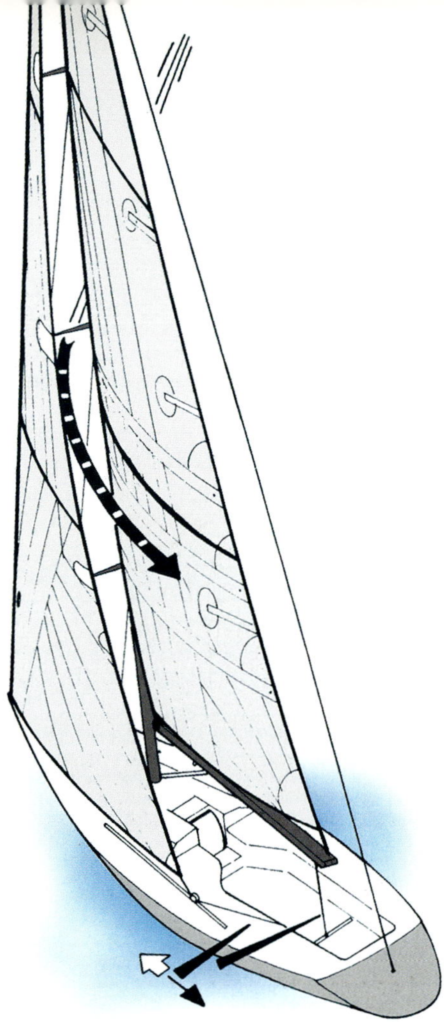

Der generelle Trimmzustand eines $^7/_8$-getakelten Bootes bei viel Wind und Seegang ist in der linken Zeichnung angedeutet: Der Holepunkt der Genua wird etwas nach achtern verschoben, damit sich das Segel im oberen Bereich verwindet, sich öffnet. Natürlich muss das Großsegel entsprechend eingestellt werden: Bei Starkwind wird der Traveller etwas nach Lee gefahren und die Großschot leicht gefiert. Dadurch öffnet sich das Großsegel im oberen Bereich ebenfalls, es wird mehr »getwistet« (verwunden), wie es in der angelsächsisch angehauchten Fachsprache der Seesegler heißt. Wird der Wind leichter, zieht man zunächst nur den Traveller etwas nach Luv, bevor dann die Schoten wieder dichter genommen werden. In der rechten Zeichnung ist dagegen eine toppgeriggte Yacht im Leichtwind-Trimm zu sehen: Die Genuaschot ist dicht, das Segel verwindet im oberen Bereich kaum. Der Ruderdruck kann allein durch die Veränderung der Travellerposition vergrößert oder verkleinert werden. Die unterschiedlichen Einfallswinkel des scheinbaren Windes bei beiden Trimmzuständen sind sehr deutlich.

Die unten dargestellte Anordnung der Großschot wird zunehmend auf kleineren IOR-Yachten eingesetzt. Sinn und Zweck dieser oder ähnlicher Techniken ist die Unterteilung der Schot in eine Grob- und eine Feineinstellung. Bei diesem Beispiel ist die Feintrimmung der Schot am Mast geteilt und läuft auf beide Seitendecks. Der Bierkasten an der Unterseite des Baumes ermöglicht eine Gesamtuntersetzung bis eins zu acht, je nach Größe des Schiffes. Durch die Teilung am Mast wird die notwendige Kraft nochmals halbiert. Die Grobverstellung ist direkt auf dem Traveller montiert und in diesem Falle eins zu vier untersetzt.

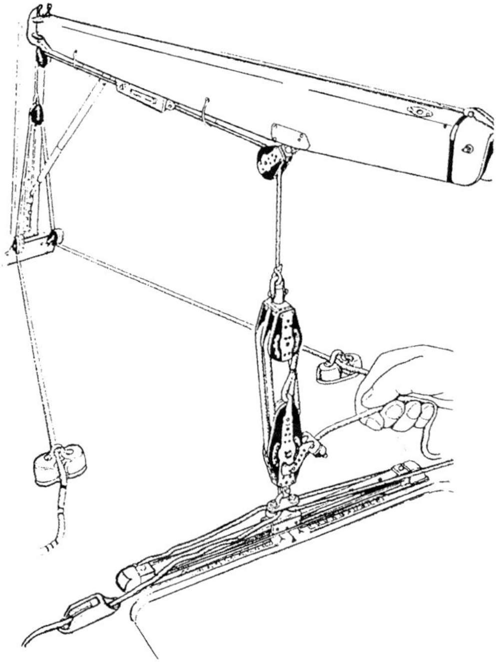

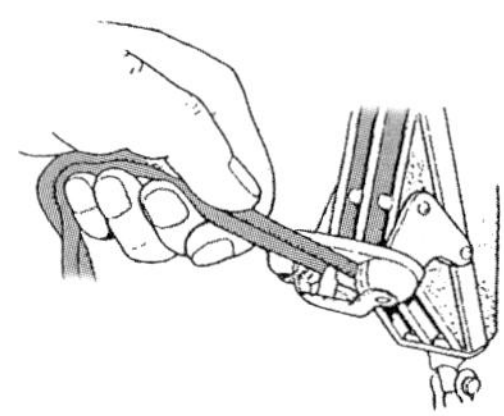

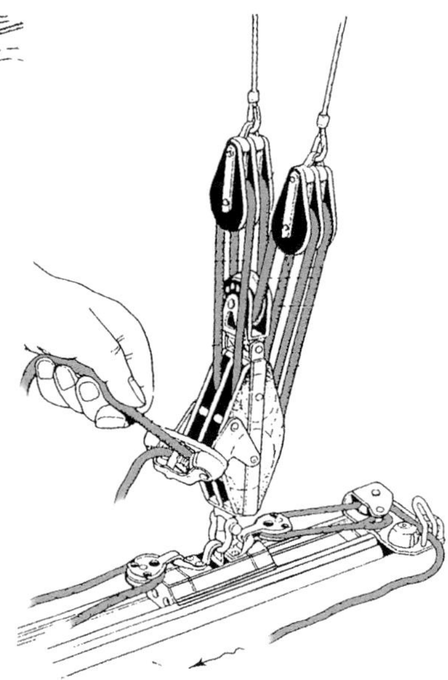

Eine andere Möglichkeit einer gleichzeitigen Grob- und Feintrimmung der Großschot wird mit dem System in der rechten Zeichnung gezeigt: Das »Easymatic« genannte System untersetzt eins zu vier, wenn man an beiden Enden gleichzeitig zieht, und eins zu acht, wenn man nur eine Part benutzt. Ein großer Vorteil dabei ist die endlose Großschot, sie kann unter keinen Umständen zu Ende sein. Man ist immer in der Lage, schnell oder langsam zu fieren und dichtzuholen. Die Trimmleinen des Travellers sind in diesem Fall lediglich einfach untersetzt.

Wenden mit kleinen Kreuzern

Eine gute Wende ist Übungssache. Es geht darum, ein Segelboot mit dem Bug durch den Wind zu bringen, von einem Kurs hoch am Wind auf den gleichen Kurs auf dem anderen Bug. Entscheidend für eine gute Wende ist das Zusammenspiel der meist kleinen Mannschaft, die sehr oft lediglich aus einem Ehepaar besteht.

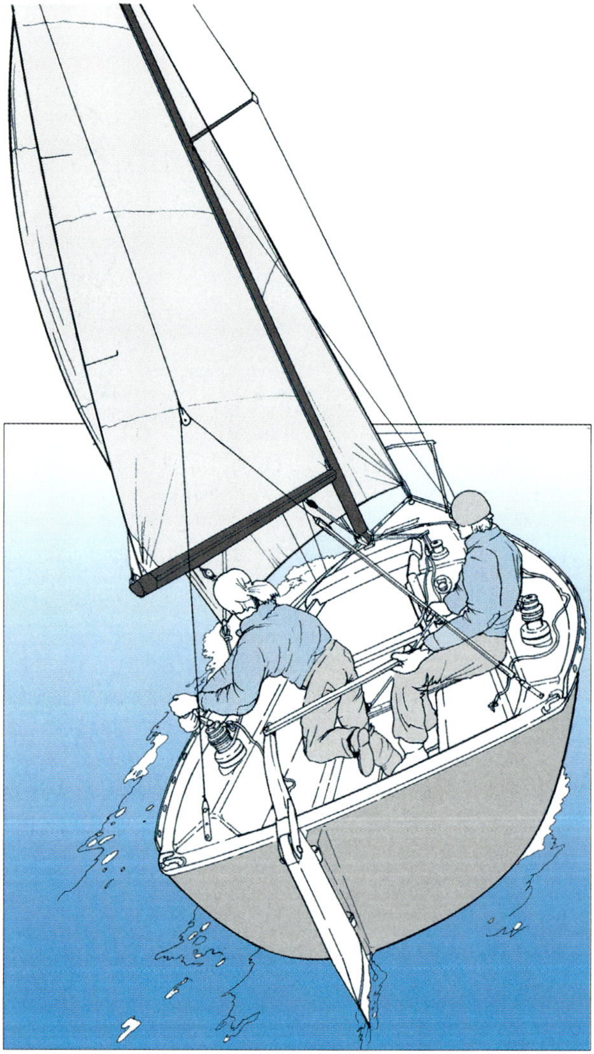

Moderne kleine Küstenkreuzer sind recht einfach zu segeln und zu manövrieren. Durch die effiziente $^7/_8$-Takelung ist das Vorsegel sehr viel kleiner als das einer toppgeriggten Yacht. Moderne selbstholende Winschen erleichtern die Arbeit des Dichtholens ungemein, da das lose Ende der Schot von der Winsch gehalten wird, abziehen wie früher ist nicht mehr notwendig.

Der Rudergänger kann dem Vorschoter sehr leicht helfen, indem er nur langsam durch den Wind geht und erst dann auf den neuen Amwindkurs abfällt, wenn das Vorsegel dichtgenommen worden ist. Der dazu notwendige Kraftaufwand wird durch eine langsame Wende auf ein Minimum reduziert. Wichtig ist auch, dass der Rudergänger nach der Wende nicht zu weit abfällt. Das nämlich bedeutet einen sehr viel höheren Kraftaufwand beim Dichtnehmen des Vorsegels, und gleichzeitig wird ein Teil der mühsam gewonnenen Höhe verschenkt.

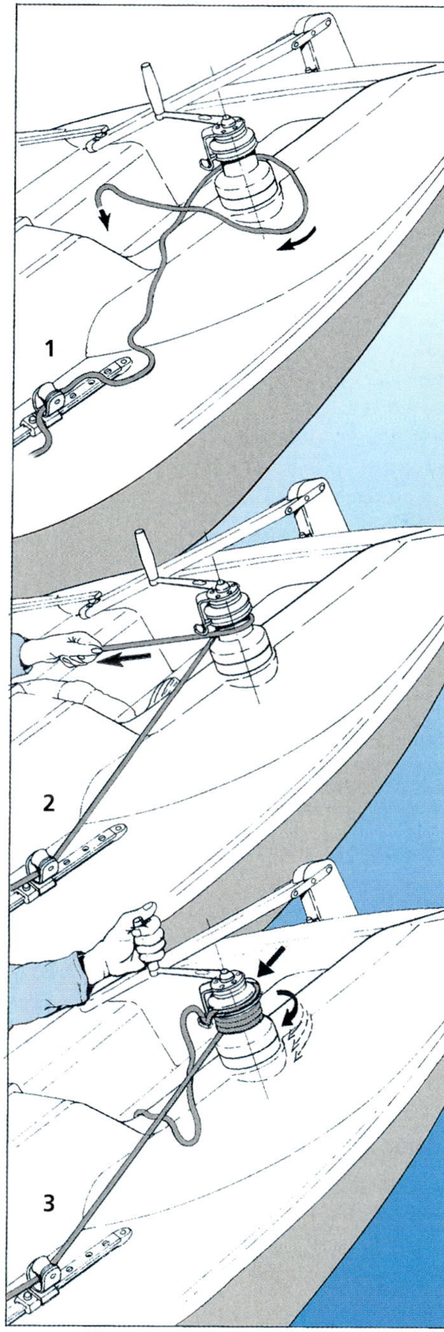

1 Sobald eine Wende beendet ist, sollte die luvwärtige Schot wieder klargemacht werden. Die Schot wird rechtsherum um die Winde gelegt, bei wenig Wind einmal, bei mehr Wind zwei- bis dreimal. Anschließend sollte die Lose aus der Schot gezogen werden, damit sie sich nirgendwo, etwa am Mast, verhaken kann.

2 Sobald das Boot durch den Wind gedreht wird und das Vorsegel vor dem Mast flattert, wird die Schot so kräftig wie möglich geholt. Bei wenig Wind ist es einfach, bei viel Wind aber stützt man sich am besten mit den Füßen ab und zieht mit beiden Händen.

3 Bei wenig Wind werden anschließend drei bis vier Törns um die Winsch gelegt, das lose Ende in den Selbsthole-Mechanismus geklemmt und so lange gedreht, bis das Vorsegel ausreichend dichtgeholt ist.

Unmittelbar vor der Wende geht der Vorschoter nach Lee und bereitet die Schot zum Loswerfen vor. Falls die Kurbel noch auf der Leewinsch steckt, muss sie natürlich abgenommen werden und kann entweder in eine Kurbeltasche gelegt oder aber, wenn ein schnelles Manöver notwendig ist, gleich auf die luvwärtige Winsch gesteckt werden.

1 Der Steuermann überprüft, ob die Luvschot klarläuft.

2 Der Steuermann leitet die Wende ein, indem er das Ruder um etwa 30 Grad anstellt. In starkem Seegang sollte die Wende möglichst in dem Moment eingeleitet werden, in dem das Vorschiff durch den Wellenkamm geht.

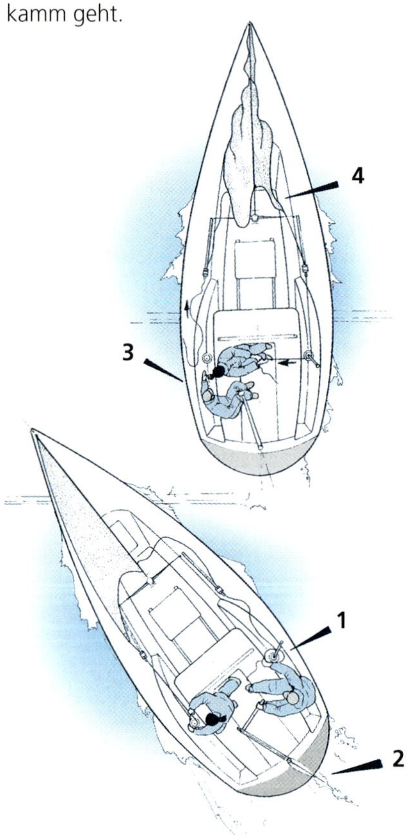

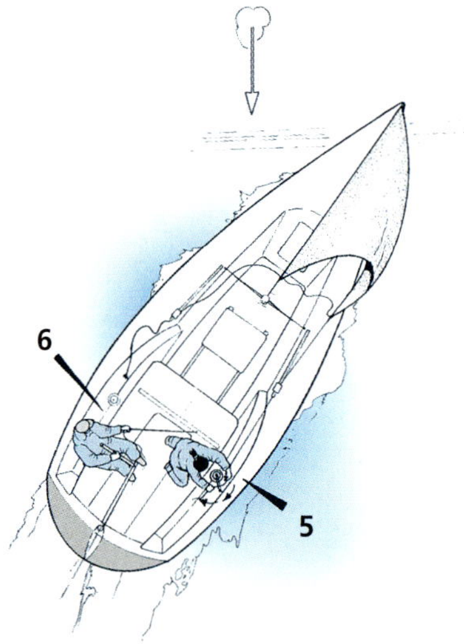

3 Die alte Schot ist bereits losgeworfen. Das lose Ende muss frei durch den Schotschlitten laufen und darf sich nirgendwo verhaken. Der Steuermann, der sich auf die andere Seite setzt, sobald die Yacht genau im Wind liegt, kann darauf achten.

4 Sobald das Schothorn des Vorsegels vom Wind auf die neue Leeseite des Mastes geweht wird, muss die Schot so schnell wie möglich mit beiden Händen dichtgeholt werden. Die Drehbewegung der Yacht ist so weit zu verlangsamen, dass nur wenig Winddruck in das Vorsegel kommt.

5 Jetzt muss die Kurbel auf die Winsch gesteckt werden. Ist dies bereits vorher geschehen und das Vorsegel schon von Hand fast dichtgeholt worden, kann der Vorschoter zuerst das Segel richtig trimmen und anschließend das lose Ende in den Selbstholer einklemmen. Welche Variante bevorzugt wird, ist Geschmacks- und Übungssache. Schneller geht es sicherlich mit aufgesteckter Kurbel und nachträglicher Sicherung der Schot mit dem Selbsthole-Mechanismus.

6 Der Steuermann geht auf den optimalen Amwindkurs und trimmt gegebenenfalls das Großsegel mit Schot und Traveller.

Moderne kleine See- und Küstenkreuzer können aufgrund ihrer Unterwasserform blitzschnell gewendet werden. Der Drehkreis sollte allerdings nicht zu klein gewählt werden, damit genügend Zeit zum Loswerfen der Schot bleibt. Bei überlappenden Vorsegeln kann es sonst passieren, dass das Segel für kurze Zeit backsteht (**1**) und von der Saling beschädigt wird. Nur bei sehr wenig Wind und in engen Fahrwassern sollte man kurze, schnelle Wenden fahren; dann dreht das Boot fast auf dem Teller.

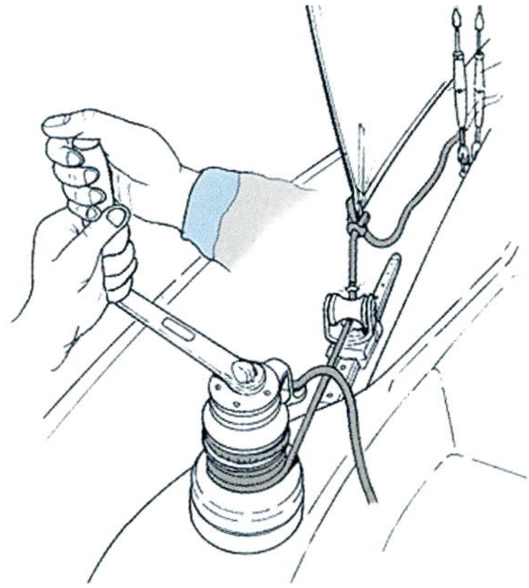

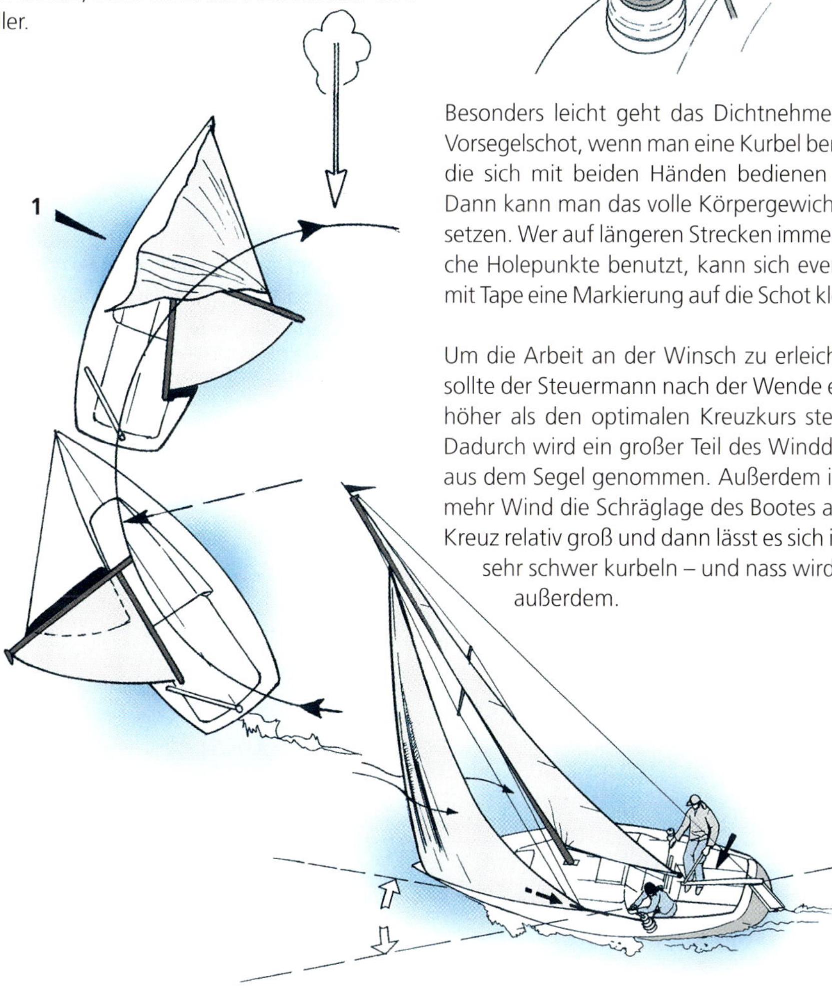

Besonders leicht geht das Dichtnehmen der Vorsegelschot, wenn man eine Kurbel benutzt, die sich mit beiden Händen bedienen lässt. Dann kann man das volle Körpergewicht einsetzen. Wer auf längeren Strecken immer gleiche Holepunkte benutzt, kann sich eventuell mit Tape eine Markierung auf die Schot kleben.

Um die Arbeit an der Winsch zu erleichtern, sollte der Steuermann nach der Wende etwas höher als den optimalen Kreuzkurs steuern. Dadurch wird ein großer Teil des Winddrucks aus dem Segel genommen. Außerdem ist bei mehr Wind die Schräglage des Bootes an der Kreuz relativ groß und dann lässt es sich in Lee sehr schwer kurbeln – und nass wird man außerdem.

Trimmtechnik

Kleinboot-Technik:

1 Bei Starkwind unter Spinnaker muss die Besatzung so weit hinten wie möglich sitzen, damit das Vorschiff nicht unterschneiden kann.

2 Bei hohen Geschwindigkeiten im Surf muss die Strömung am Ruder abreißen.

3 Um das Vorschiff zu entlasten, wird das lose Gewicht unter Deck nach achtern gestaut.

4 Höchste Aufmerksamkeit ist an der Spinnakerschot geboten, falls das Boot zu stark anluven sollte.

5 Der Traveller muss so weit wie möglich nach Lee gefahren werden.

6 Der Beiholer der Spinnakerschot muss so weit dichtgeholt werden, dass die Schot frei vom Großbaum ist. Sonst könnte die Schot schnell durchgescheuert werden.

7 Andere Vorsegel als der Spinnaker müssen bei hohen Geschwindigkeiten weggestaut werden, weil sie sonst leicht vom Vorschiff gewaschen werden können.

8 Der Großbaum wird mit einem Bullenstander mit Sollbruchstelle festgesetzt.

9 Das Genuafall wird am Stevenbeschlag angesetzt und durchgeholt, um den Mast nach vorn zu trimmen.

10 Der Spinnaker wird bei viel Wind flach gefahren.

11 Das Großsegel wird mit dem Baumniederholer flach getrimmt.

12 Der Großbaum muss gerade frei von den Wanten sein.

13 Mit dem Cunningham wird die Profiltiefe des Großsegels reguliert.

14 Wollfäden an den Wanten zeigen grob den Windeinfallswinkel.

15 Der Spinnakerbaum wird bei viel Wind nicht zu hoch gefahren, um den Spinnaker selbst flach und unkritisch halten zu können.

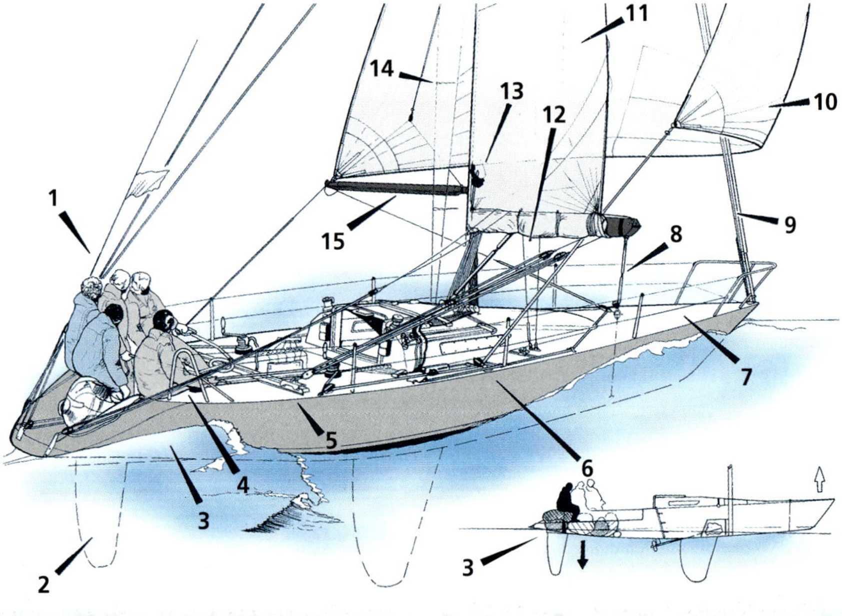

Die Technik der Mini- und Vierteltonner:

1 Das Achterstag wird zunächst einmal untersetzt und dann auf dem Cockpitboden an einer doppelten Talje verzweigt.

2 Das Hauptbackstag wird ebenfalls geteilt und läuft

2a zu einer Mehrfachtalje als Fein- und

2b zu einer einfachen Talje als Grobeinstellung.

3 Das Zwischenbackstag hängt am Block des Hauptbackstags und wird über eine eigene Talje verstellt.

4 Die Großschot und

5 der Traveller werden vom Steuermann bedient.

6 Die Pinne hat einen verstellbaren Teleskopausleger.

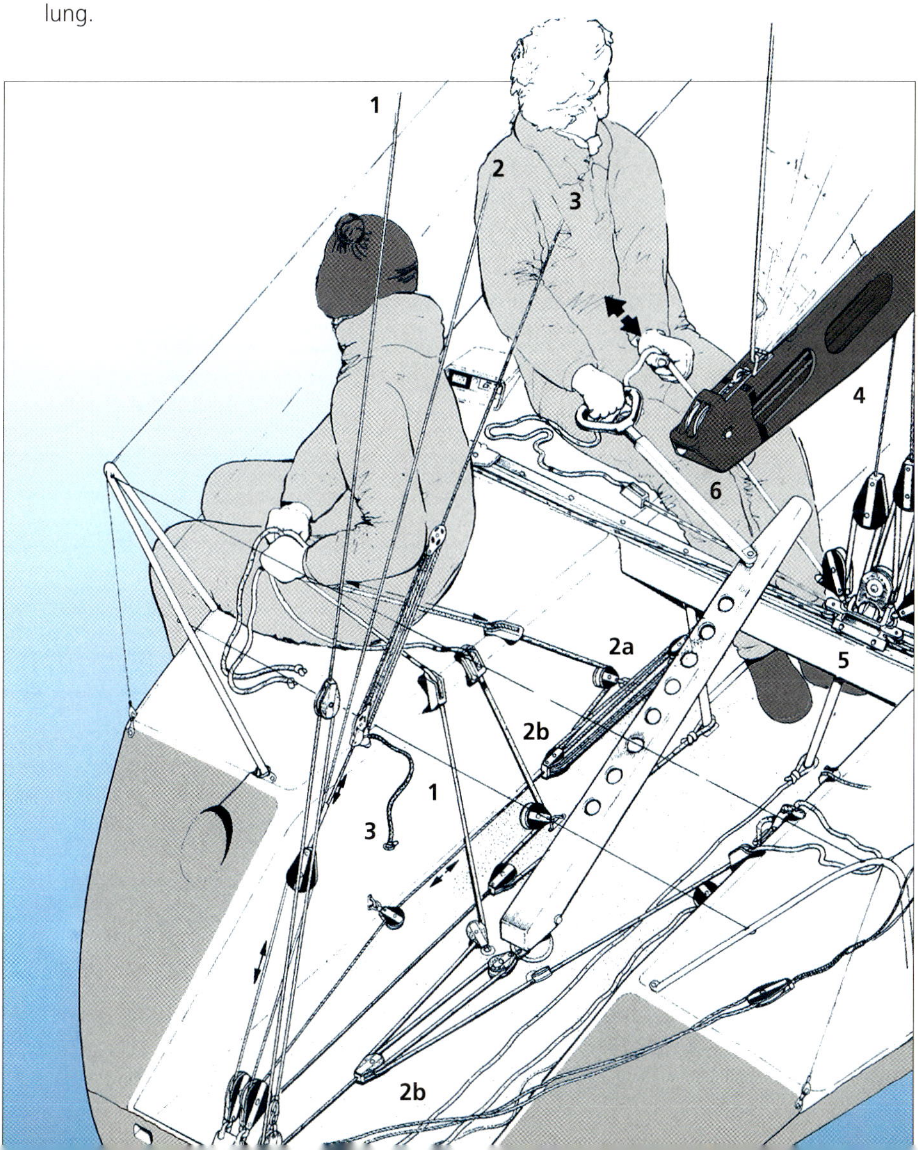

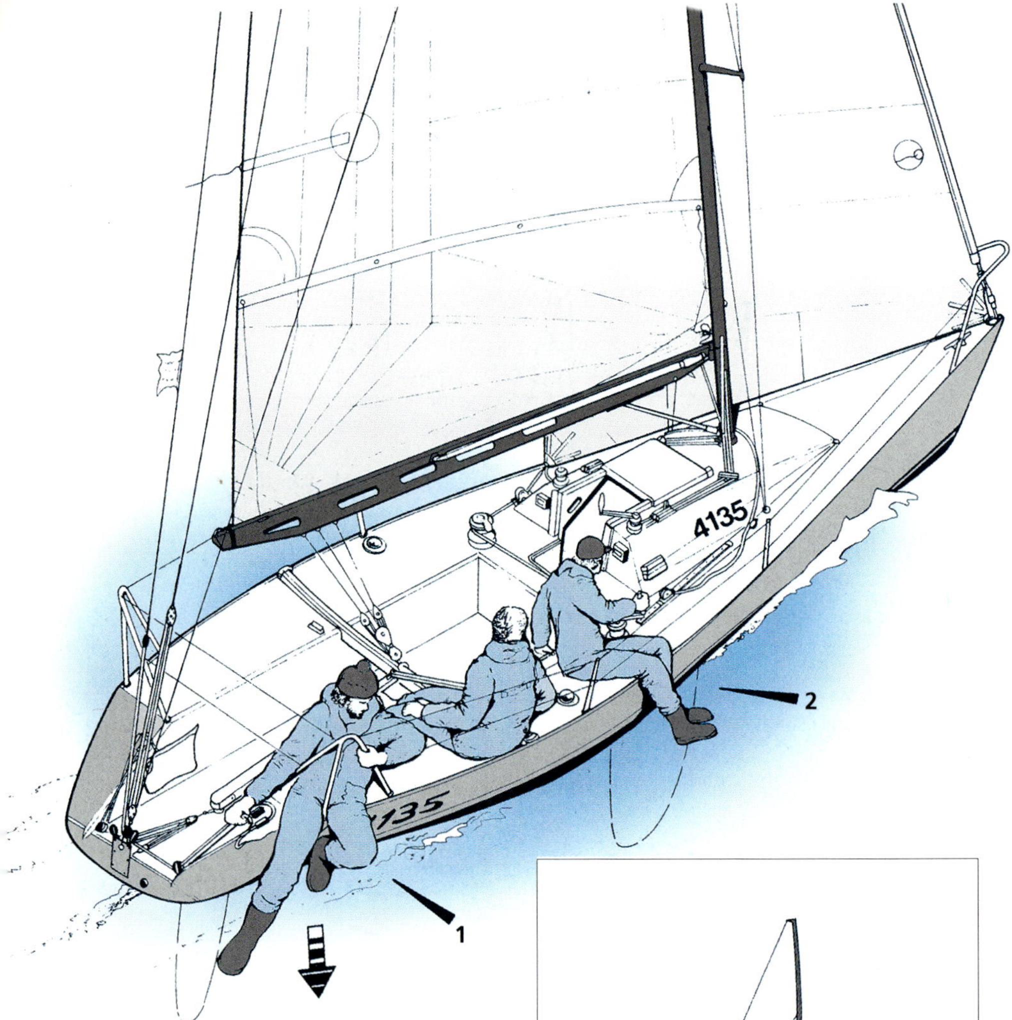

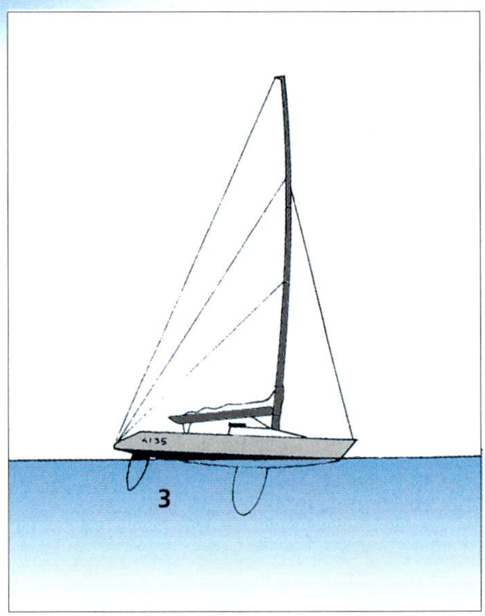

Der Trimm des Minitonners:

1 Der schwerste Mann sitzt immer möglichst weit hinten, vor allem aber bei Wind, und trimmt in Absprache mit dem Rudergänger ständig das Achterstag.

2 Die Genuaschot wird auf die luvwärtige Winsch umgelenkt, damit der Genuatrimmer sie von der Kante aus regulieren kann.

3 Liegen Minitonner ohne Crew im Hafen, fällt auf, wie extrem diese kleinen Yachten auf der Nase liegen. Das Crewgewicht ist im Verhältnis zur Verdrängung des Bootes sehr hoch und für den Trimm entscheidend.

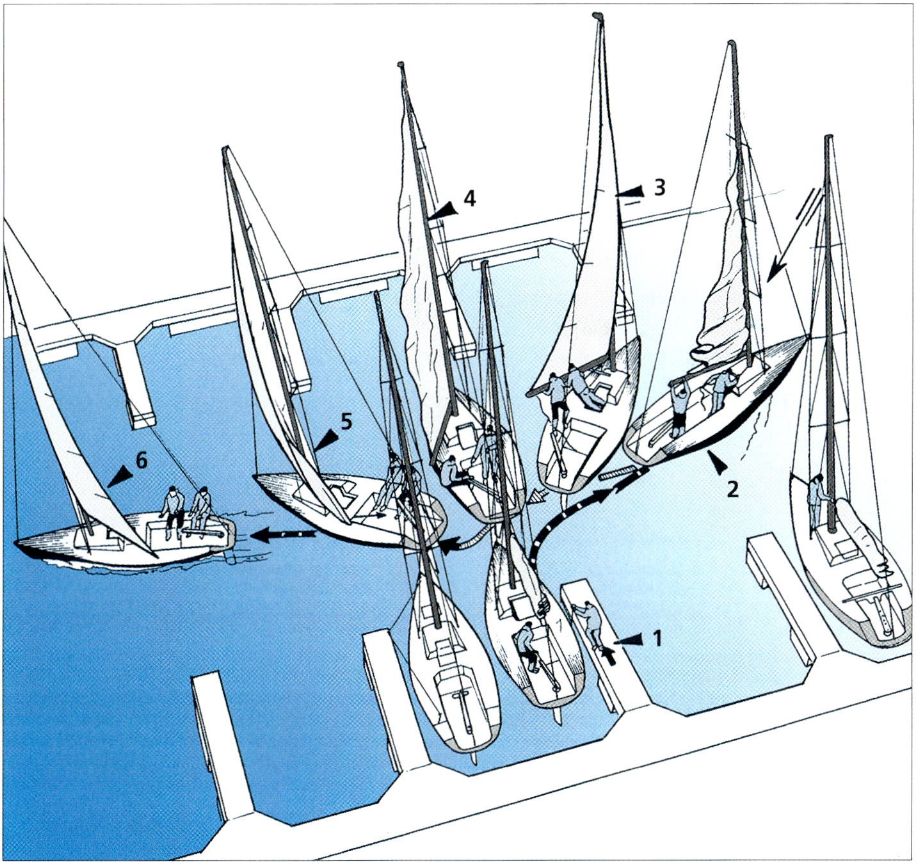

Muss man bei ungünstigen Windrichtungen enge Häfen mit einem Minitonner ohne Maschine verlassen, muss die Crew genau wissen, wie sie vorzugehen hat.

1 Das Boot wird mit möglichst viel Fahrt vom Steg abgeschoben.

2 Sobald die Yacht im Wind liegt, wird das Großsegel schnell vorgeheißt.

3 Das Großsegel wird back gehalten, damit das Schiff Fahrt über den Achtersteven macht. Die Pinne wird entsprechend gelegt, um das Boot in die gewünschte Richtung zu steuern.

4 Sobald das Boot Fahrt aufgenommen hat, wird das Großsegel losgelassen und die Großschot weit gefiert.

5 Das Großsegel wird langsam dichtgeholt, der Steuermann fällt dabei stark ab. Die Großschot muss feinfühlig bedient werden, damit das Boot auch auf den gewünschten Kurs kommt.

6 Das Manöver ist beendet, das Schiff fährt problemlos aus dem engen Hafen.

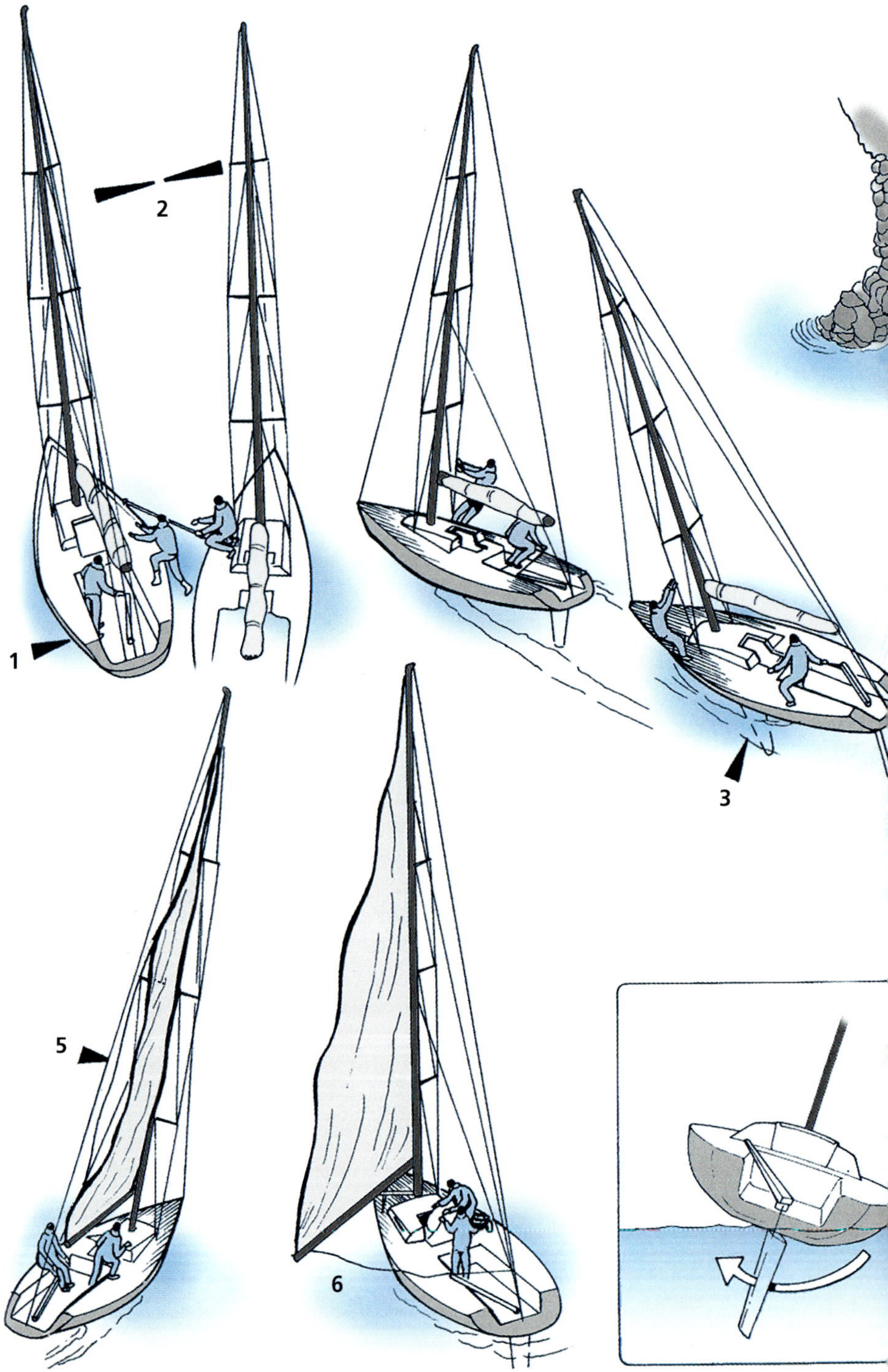
2
1
3
5
6

Kleine Rennboote ohne Maschine: Bei Flaute versuchen die kleinen Yachten ohne Maschine, einen Schlepp zum Start zu ergattern, der oft weit weg vom Hafen ausgelegt wird. Sie müssen dazu mit eigener Kraft mindestens bis zur Hafenausfahrt kommen, um auf die größeren Yachten mit Maschine zu warten. Zur Fortbewegung hat sich die »Schaukelmethode« bestens bewährt:

1 Mit Schwung wird das Boot vom Päckchen abgestoßen, bis
2 die Masten weit genug voneinander entfernt sind.
3 Das Ruder wird besetzt, der Rest der Mannschaft hängt sich auf einer Seite in die Wanten, um das Boot zu krängen.
4 Dann läuft die Crew auf die andere Seite, um sich dort in die Wanten zu hängen. Der Steuermann unterstützt die Schiffsbewegungen mit dem Ruder. Auf diese Weise lassen sich im Grunde alle Einrumpfboote, also auch Jollen, bewegen, wenn die erreichbaren Geschwindigkeiten auch nicht sehr hoch sind.
5 Erst kurz vor dem Start wird das Schiff in den Wind gedreht und
6 das Großsegel gesetzt.

Raumschots segeln

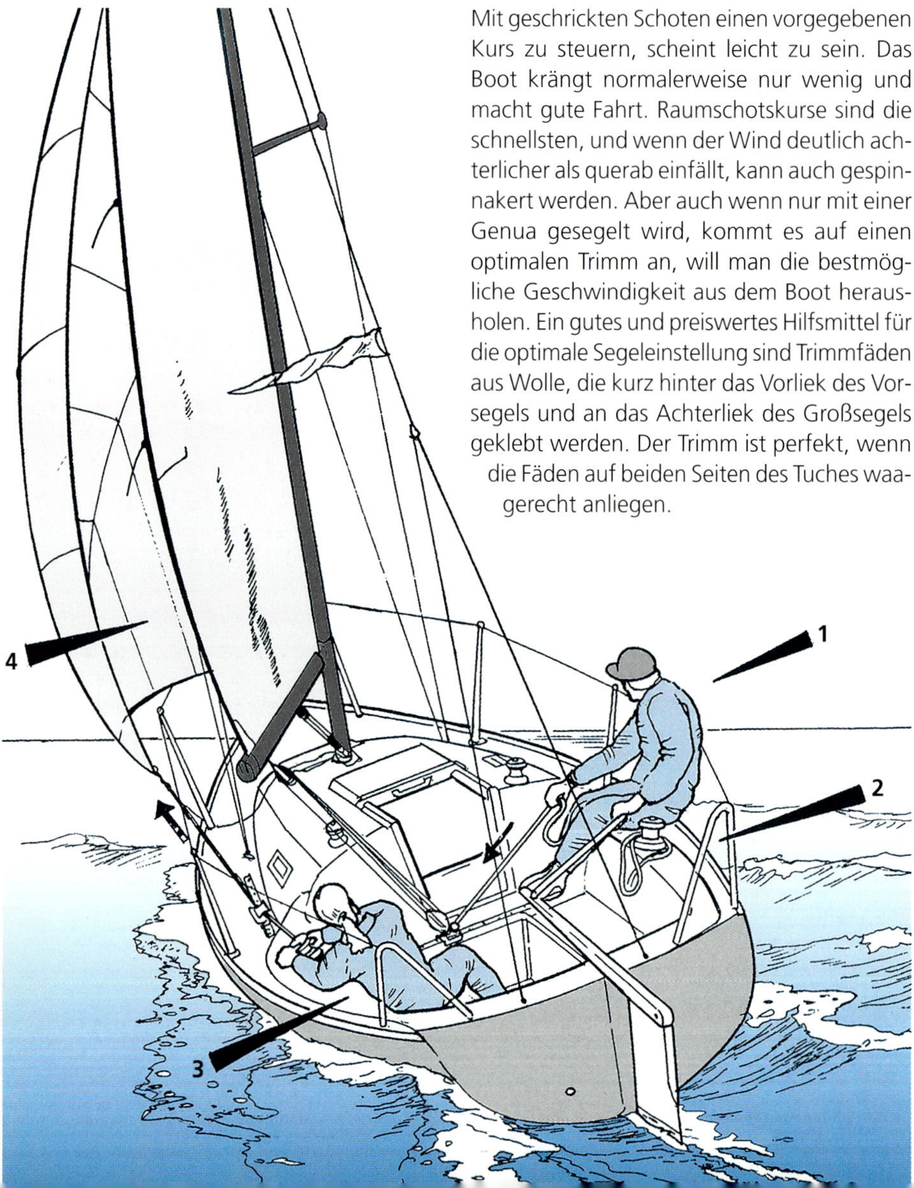

Mit geschrickten Schoten einen vorgegebenen Kurs zu steuern, scheint leicht zu sein. Das Boot krängt normalerweise nur wenig und macht gute Fahrt. Raumschotskurse sind die schnellsten, und wenn der Wind deutlich achterlicher als querab einfällt, kann auch gespinnakert werden. Aber auch wenn nur mit einer Genua gesegelt wird, kommt es auf einen optimalen Trimm an, will man die bestmögliche Geschwindigkeit aus dem Boot herausholen. Ein gutes und preiswertes Hilfsmittel für die optimale Segeleinstellung sind Trimmfäden aus Wolle, die kurz hinter das Vorliek des Vorsegels und an das Achterliek des Großsegels geklebt werden. Der Trimm ist perfekt, wenn die Fäden auf beiden Seiten des Tuches waagerecht anliegen.

1 Auf kleinen Seekreuzern sitzt der Steuermann am besten bequem auf dem Seitendeck. Er bedient die Pinne und die Großschot gleichzeitig.
2 Vom Seitendeck aus kann der Steuermann die Vorlieken von Groß- und Vorsegel gut sehen und sofort erkennen, wenn ein Segel neu getrimmt oder der Kurs korrigiert werden muss.
3 Die Crew kann gemütlich und sicher in Lee sitzen und von dort aus das Vorsegel bedienen.
4 Aus dieser Leeposition ist erkennbar, ob der Trimm des Vorsegels korrekt ist und ob er

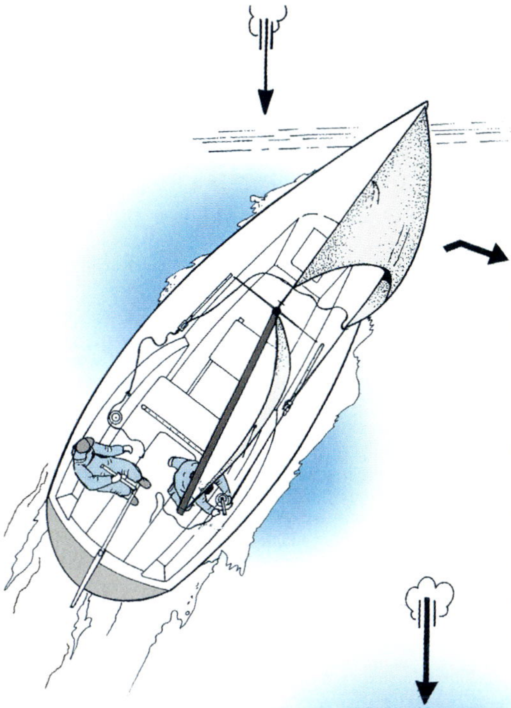

Will man von einem Amwindkurs auf einen Raumschotskurs abfallen und dabei keine Geschwindigkeit verlieren, darf das Ruder nur wenig gelegt werden. Gleichzeitig sind beide Segel langsam aufzufieren, sodass die Vorlieken nicht zu killen beginnen. Anhand der Trimmfäden kann das Fieren genau kontrolliert werden. Sobald der neue Kurs anliegt, erfolgt der Feintrimm. Ein nicht zu träge eingestellter Speedometer leistet dabei gute Hilfe. Die Vorlieken beider Segel sollten annähernd parallel zum scheinbaren Windwinkel stehen.

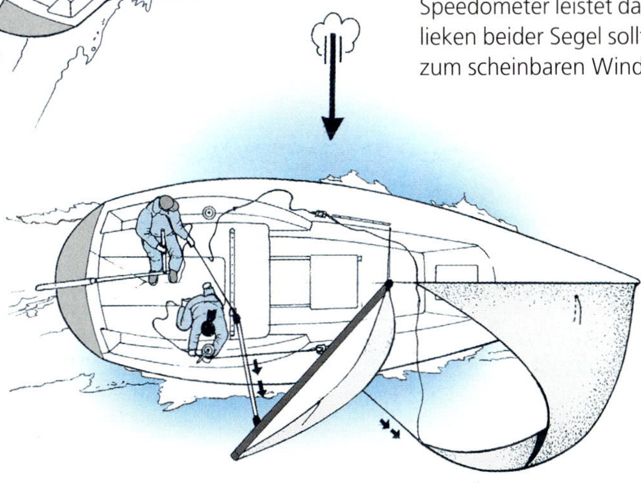

Sind die Segel zu dicht geholt, krängt das Boot stark und läuft keine optimale Geschwindigkeit. Der Ruderdruck ist groß, und die Trimmfäden in Lee der Segel steigen. Die Strömung liegt also nicht an, die Schoten müssen gefiert werden.

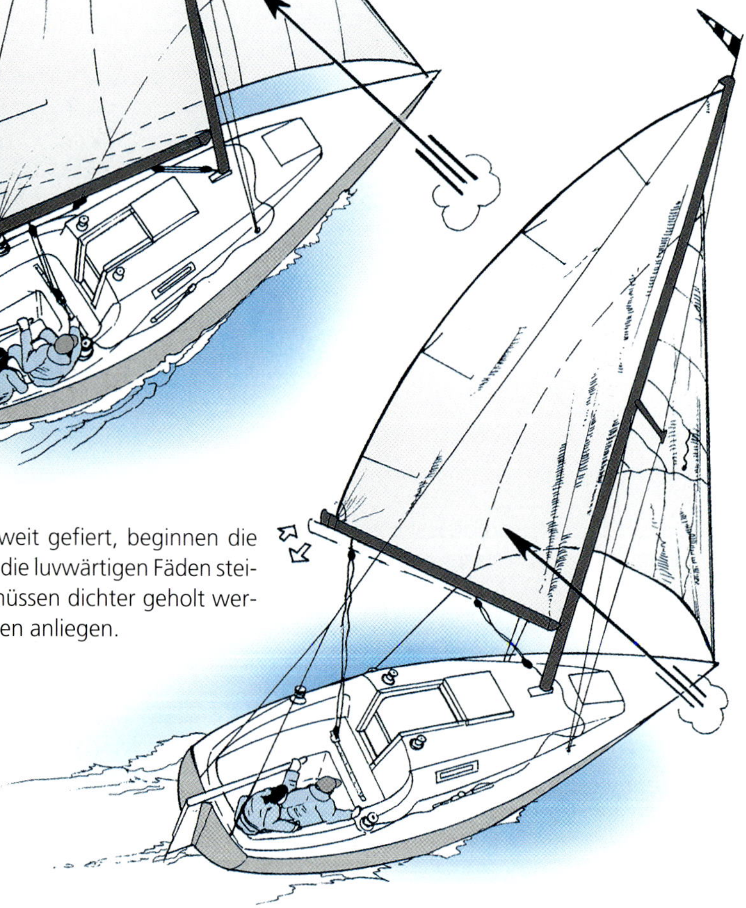

Sind die Segel zu weit gefiert, beginnen die Vorlieken zu killen, die luvwärtigen Fäden steigen. Beide Segel müssen dichter geholt werden, bis die Luvfäden anliegen.

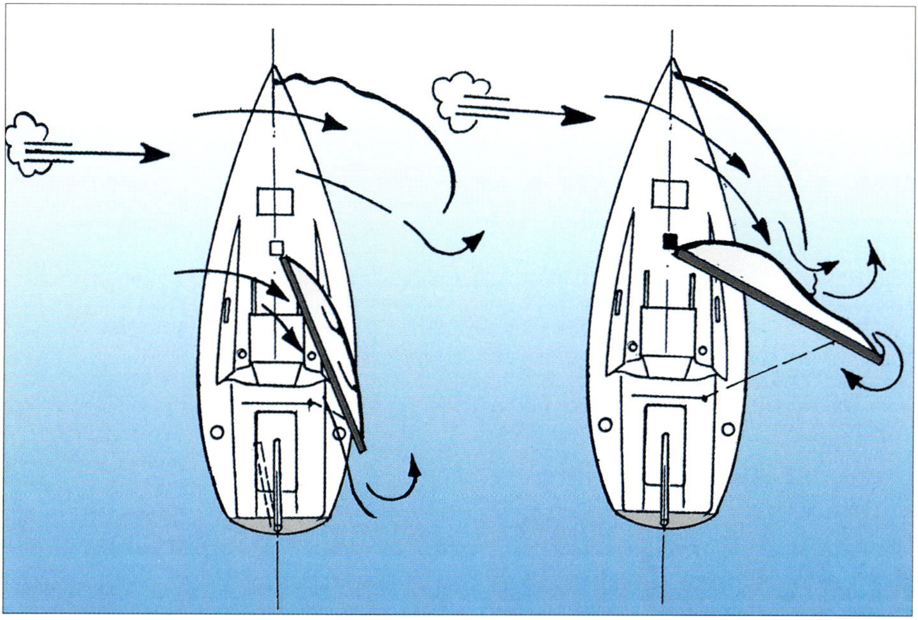

Die Zeichnungen oben zeigen zwei extrem falsche und die Zeichnung rechts den richtigen Trimmzustand für Raumschotskurse. Links ist die Großschot viel zu dicht geholt, die Genuaschot zu weit aufgefiert. Der Rudergänger müsste am Ruderdruck merken, dass etwas nicht stimmt – das Boot ist stark luvgierig. Beide Schoten müssen neu eingestellt werden, bis alle Trimmfäden optimal anliegen. Das Beispiel daneben zeigt das andere Extrem – das Großsegel ist zu weit aufgefiert, die Genuaschot zu dicht. Dadurch werden Abwinde im Vorliek des Großsegels erzeugt, erkennbar durch einen Bauch nach Luv. Je nach Schiffstyp macht sich dieser Trimmzustand durch eine mehr oder weniger starke Leegierigkeit bemerkbar: ein sicheres Indiz für extrem falschen Segeltrimm. Bei richtigem Trimmzustand stehen die Achterlieken beider Segel annähernd parallel zueinander. Da dies nur aus einiger Entfernung erkennbar ist, müssen die Segel mithilfe der Trimmfäden eingestellt werden. Der Rudergänger fühlt nur geringen Druck, optimal ist eine geringe Luvgierigkeit. Das Boot läuft jetzt bestmögliche Geschwindigkeit.

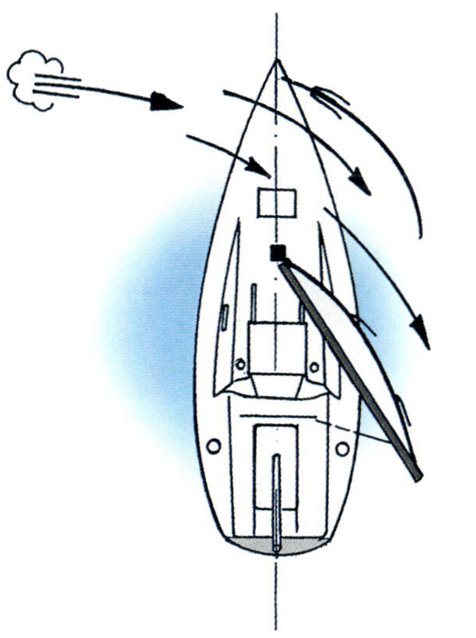

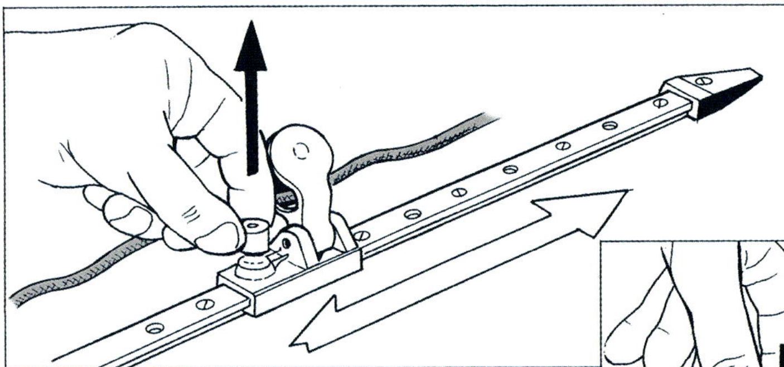

Die Holepunkte der Genua müssen für einen optimalen Raumschotstrimm anders eingestellt werden als an der Kreuz. Je nach Einfallswinkel des scheinbaren Windes sind die Blöcke mehr oder weniger weit nach vorn zu verschieben. Mit mehreren Trimmfäden in der Genua lässt sich der richtige Punkt leicht finden – alle Fäden müssen anliegen.

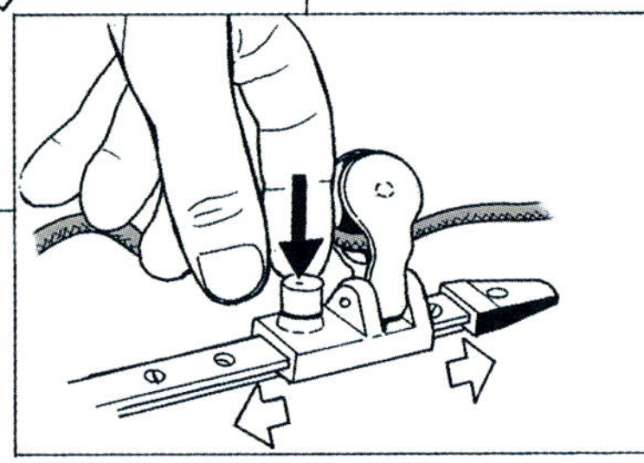

Die Holepunkte sollten nur verstellt werden, wenn der Druck der Schot weg oder gering ist (Verletzungsgefahr!) Auch sollten grundsätzlich beide Holepunkte gleich eingestellt werden.

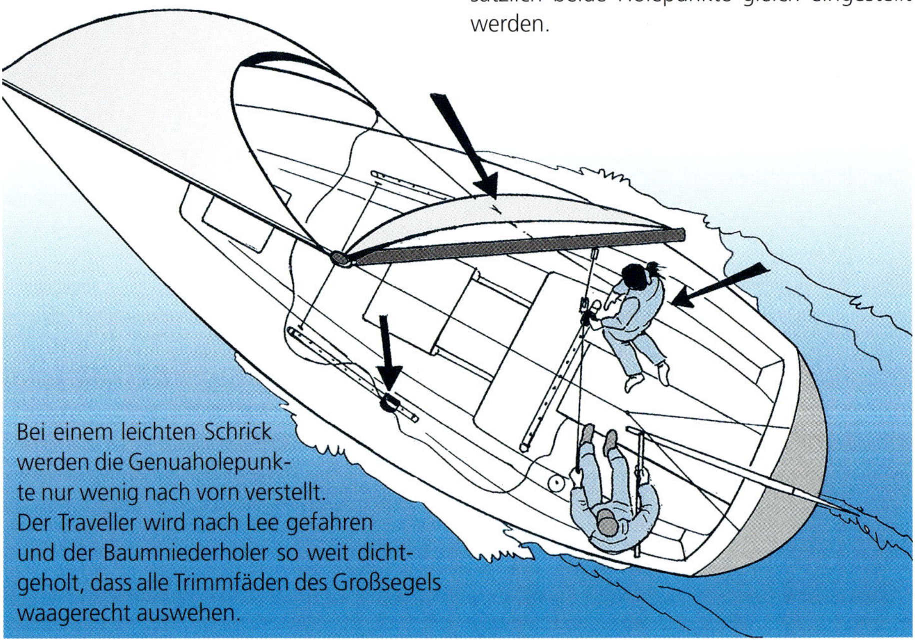

Bei einem leichten Schrick werden die Genuaholepunkte nur wenig nach vorn verstellt. Der Traveller wird nach Lee gefahren und der Baumniederholer so weit dichtgeholt, dass alle Trimmfäden des Großsegels waagerecht auswehen.

Segeln vor dem Wind

Das Segeln vor dem Wind ist komplizierter und auch gefährlicher als jeder andere Kurs zum Wind. Selbst in einer nur leichten Brise kann der Großbaum in einer unkontrollierten Halse schwere Verletzungen vor allem am Kopf verursachen, wenn jemand im Cockpit gerade stehen sollte.

1 Platt vor dem Wind im Schmetterlingsstil mit nach beiden Seiten ausgestellten Segeln abzulaufen ist zwar nicht die schnellste Art voranzukommen, sie erfordert aber die höchste Aufmerksamkeit des Rudergängers. An den Segeln entsteht keinerlei Strömung, einzig der Winddruck treibt das Boot voran. Deshalb ist die Geschwindigkeit auch deutlich niedriger als auf Raum- oder Halbwindkursen.

1

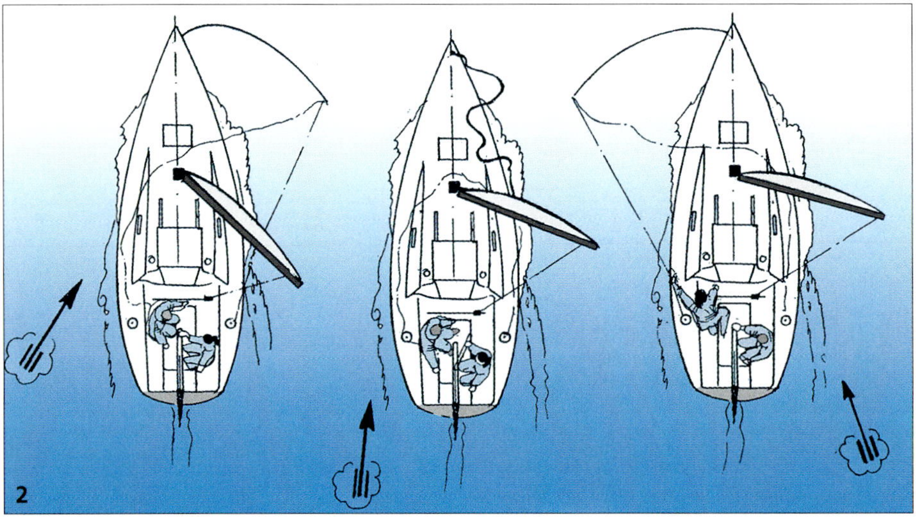

2

2 Damit die Genua ziehen kann, sollte der Wind einige Grad von Lee einfallen (rechts). Dann aber ist höchste Vorsicht geboten, da es schon bei der kleinsten Kursschwankung nach Lee zu einer unbeabsichtigten Patenthalse kommen kann.

Fällt der Wind genau von achtern ein (Mitte) und ist das Vorsegel auf der gleichen Seite wie das Großsegel geschotet, zieht die Genua nur selten und wird oft laut knallend schlagen.

Ein etwas raumerer Kurs (links) ist dagegen deutlich schneller als platt vor dem Wind zu segeln. Beide Segel stehen richtig und ziehen gut.

3 Soll nur die Genua gehalst werden, muss einer der Crew auf das Vorschiff. Der Steuermann zieht an der neuen Schot, die bereits einige Male um eine Winsch gelegt ist. Das Schothorn muss von Hand nach außen gebracht werden, damit der Wind in die Genua drücken kann.

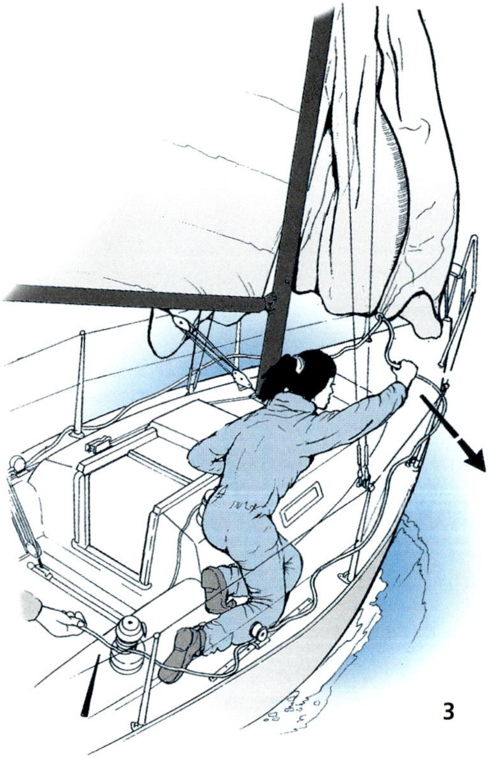

3

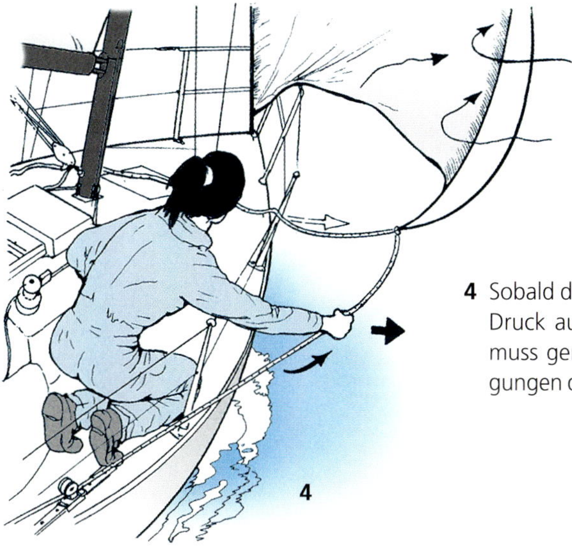

4

4 Sobald der Wind in das Segel bläst, kommt Druck auf die neue Schot. Die alte Schot muss genug Lose erhalten, um die Bewegungen des Schothorns nicht zu behindern.

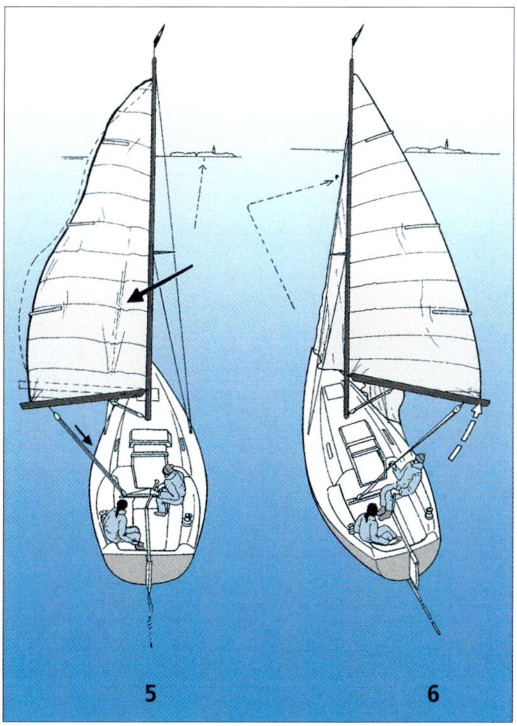

5 6

5 Ein Kurs platt vor dem Wind ist nicht sonderlich gemütlich. Abgesehen von der ständigen Gefahr einer Patenthalse rollt das Boot nach beiden Seiten, das Segel schlägt häufig und schamfielt an den Wanten. Um den Kurs halten zu können, sollte man ständig den Verklicker im Masttopp beobachten und, wenn möglich, einen markanten Punkt an Land anvisieren.

6 Deutlich schneller ans Ziel kommt man, wenn man etwas anluvt und dann auch sicherer segelt. Wird die Genua richtig getrimmt, wird auch sie ziehen und zu einer höheren Geschwindigkeit beitragen. Liegt das Ziel genau in Lee, muss man rechtzeitig, aber nicht zu früh halsen, will man es ebenfalls mit einem raumen Windeinfallswinkel erreichen.

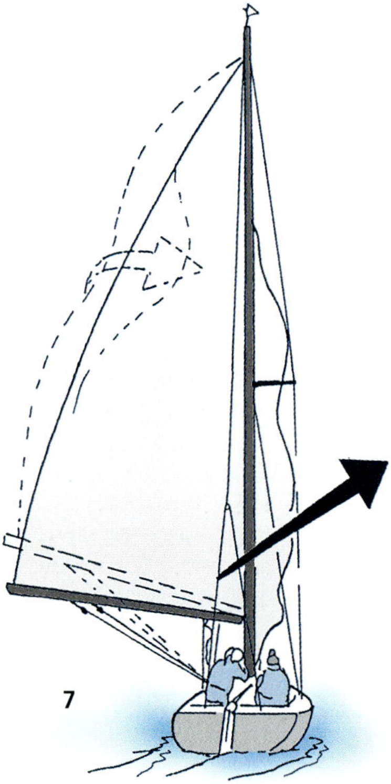

7

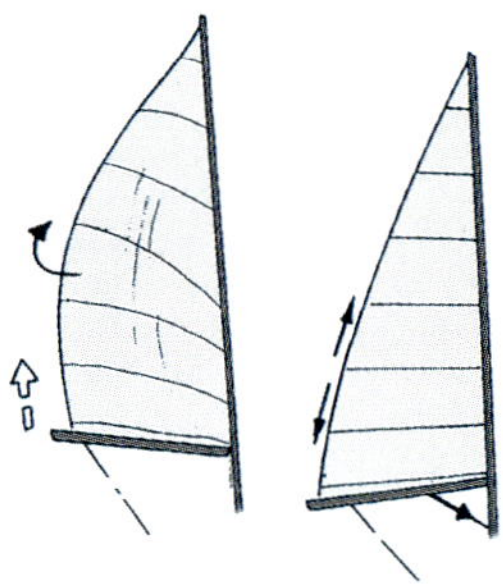

7 Vor dem Wind muss vor allem das Großsegel richtig und völlig anders getrimmt werden als etwa an der Kreuz. Um das Segel möglichst flach zu machen, muss der Baumniederholer stramm durchgesetzt werden. Mit geradem Achterliek wird dem Wind die größtmögliche Segelfläche entgegengebracht. In einer Halse wird dadurch auch die Tendenz des Großbaumes zu steigen verhindert.

8 Bei starkem Wind ist es fast immer besser, das Vorsegel zu bergen und sicher im Bugkorb zu befestigen. Das Boot wird dann nicht spürbar langsamer werden. Die Crew sollte möglichst weit achtern sitzen, damit der Steven über Wasser bleibt, wenn das Boot die Wellen hinabsurft. Sollte die Situation bei zunehmendem Wind kritisch werden, muss das Großsegel gerefft werden.

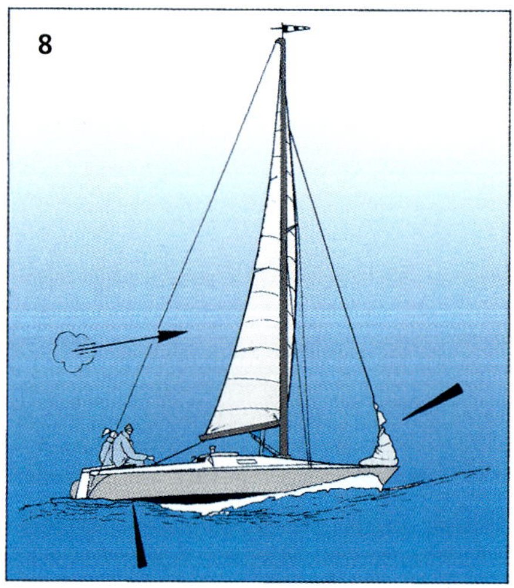

8

Halsen mit kleinen Kreuzern

Wer auf Backbordbug vor dem Wind segelt und seinen Kurs nach Backbord ändern will oder muss, der wird eine Halse fahren müssen. Das wichtigste Segel in einer Halse ist das Großsegel. Es ist vor dem Wind weit aufgefiert, muss dann möglichst dicht geholt und nach der Kursänderung wieder aufgefiert werden. Damit ist eine Person vollauf beschäftigt. Der Steuermann muss langsam abfallen, im richtigen Moment mit dem Heck durch den Wind drehen und anschließend die Drehbewegung der Yacht nach Luv durch Gegenruder abfangen. Die Zeichnung zeigt das Boot im Moment der Halse; das Vorsegel wird erst später auf die andere Seite genommen.

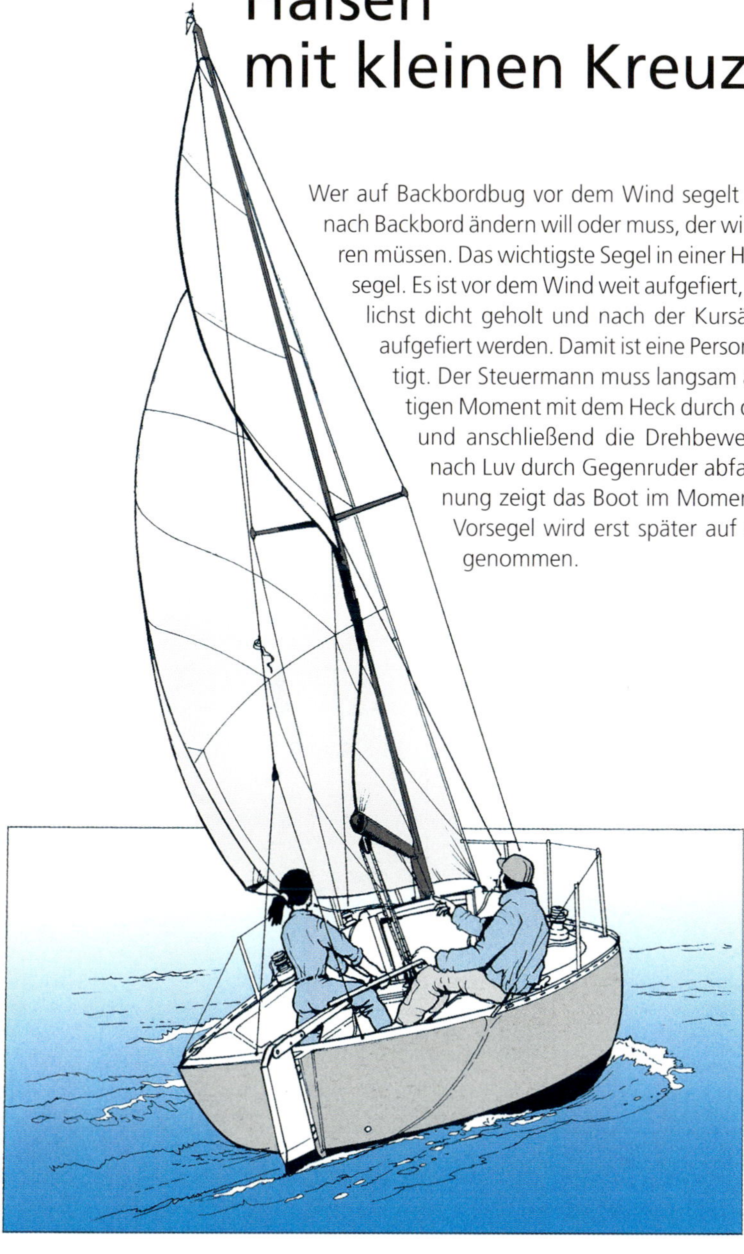

Vor dem Wind, wenn beide Segel aufgefiert sind, kann das Boot ins »Geigen« kommen. Deshalb wird häufig platt vor dem Wind, wenn das Vorsegel auf der dem Großsegel entgegengesetzten Seite steht (Schmetterling), der Großbaum mit einem Bullenstander gesichert, um einer Patenthalse (einer unfreiwilligen Halse) vorzubeugen. Das Kommando heißt: »Klar zum Halsen.«

Der Bullenstander ist gelöst, der Steuermann fällt weiter ab. Die Großschot muss dabei schnell so weit wie möglich dichtgeholt werden. Die Crew bleibt im Cockpit und muss die Köpfe einziehen.

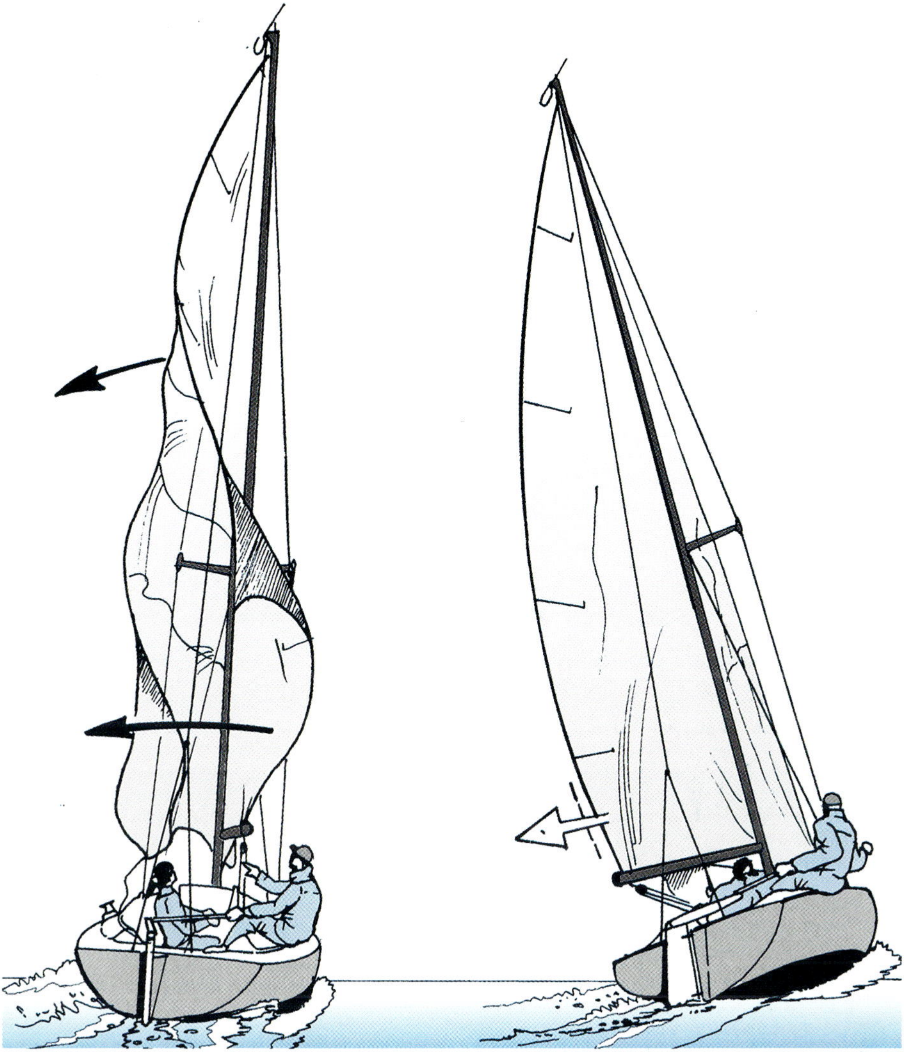

Das Großsegel wird vom Wind auf die andere Seite gedrückt. Das Schiff bekommt dadurch die Tendenz, anluven zu wollen. Diese Bewegung muss vom Steuermann mit dem Ruder gestoppt werden, allerdings darf er das Boot nicht so weit zurückdrehen, dass das Großsegel erneut gehalst wird.

Die Großschot muss unmittelbar nach der Halse des Großsegels möglichst weit aufgefiert werden. Dadurch wird bei viel Wind verhindert, dass das Boot stark krängt und zu luvgierig wird. Wenn es richtig weht, kann man nach der Halse die Schot auch einfach loslassen, bevor man sich die Finger verletzt.

1 Unmittelbar vor der Halse muss der Bullenstander gelöst werden, falls einer gesetzt ist. Andernfalls kann es zum Bruch des Großbaumes kommen. Der Steuermann setzt sich auf die Leeseite. Gesteuert wird vor dem Wind und in der Halse entweder mit dem Ausleger oder auch direkt mit der Pinne. Das ist abhängig von der Cockpitbreite und davon, welche Art für den Steuermann bequemer ist.

2 Die Vorsegelschot bleibt zunächst belegt, die Großschot wird nach dem Kommando »Klar zur Halse« dichtgeholt. Der Steuermann legt sich die andere Vorsegelschot griffbereit, steuert aber nach wie vor einen ungefährlichen Kurs geradeaus.

3 »Rund achtern!« Mit diesem Kommando gibt der Steuermann bekannt, dass er das Ruder zur Halse legt. Die Frau (oder der Mann) an der Großschot beobachtet das Großsegel.

4 Das Großsegel ist vollständig gehalst, die Großschot muss jetzt so schnell wie möglich aufgefiert werden. Dabei kann man sich leicht die Hände verletzen. Vorsicht ist also angesagt. Zur Not wird die Großschot einfach losgelassen. Der Steuermann gibt »Stützruder«.

5 Die Großschot ist weit aufgefiert, die Vorsegelschot in Lee gelöst. Während der Steuermann geradeaus segelt und die Großschot wieder belegt wird, kann er bereits die neue Vorsegelschot dichtnehmen, wenn nicht ein raumer Kurs gesegelt werden soll.

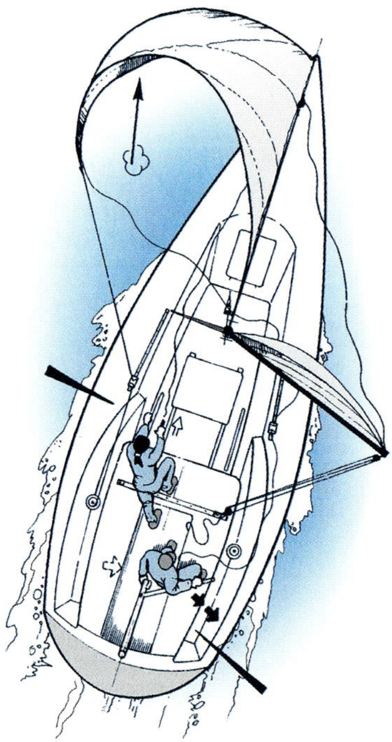

1

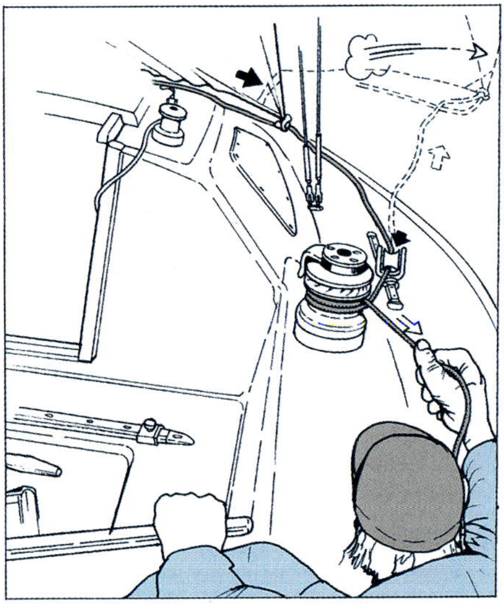

Wird die zu holende Vorsegelschot vor der Halse bereits zweimal um die Winsch gelegt, kann der Steuermann sie nach der Halse so weit dichtholen, dass das Schothorn etwa auf Höhe der Wanten steht. Geschieht dies rechtzeitig genug, drückt der Wind noch nicht voll in das Vorsegel.

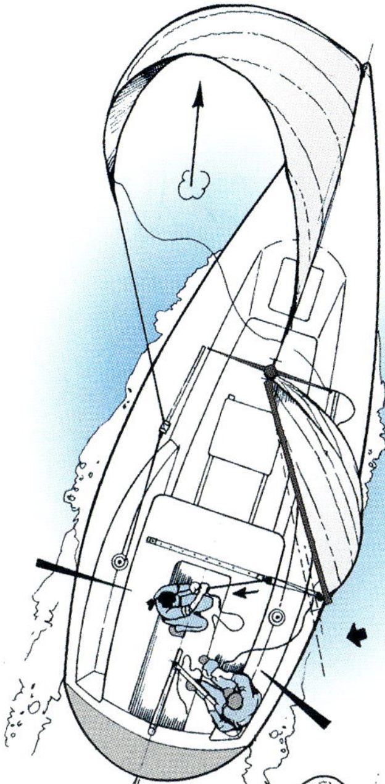

2

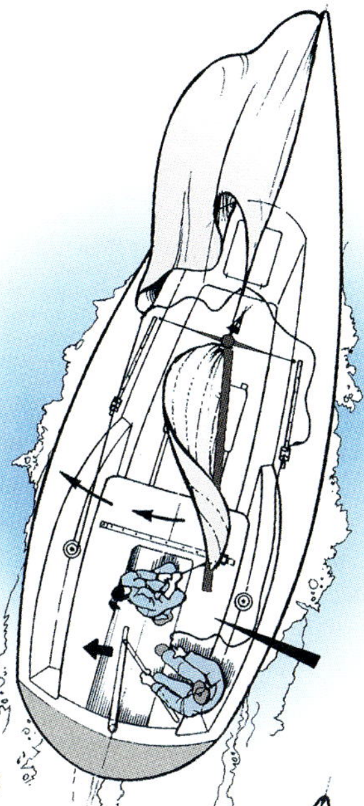

3

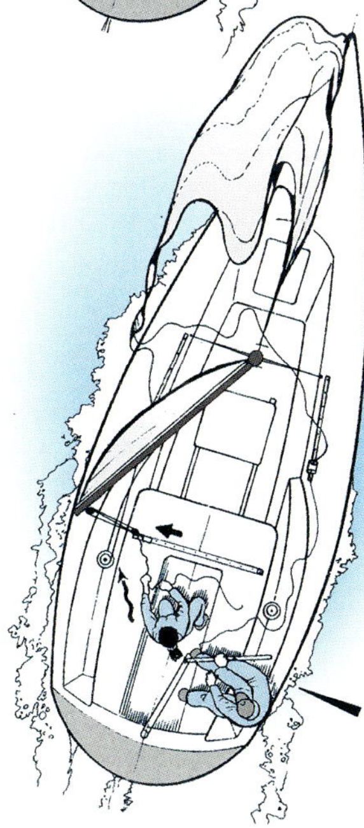

4

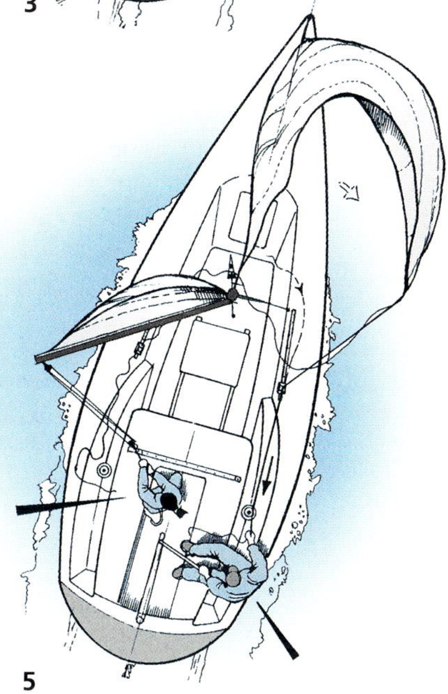

5

Vorsegelwechsel mit kleiner Crew

Der Zeitpunkt für einen Vorsegelwechsel ist gekommen, wenn

1 der Ruderdruck so groß ist, dass die Yacht kaum noch auf Kurs zu halten ist und

2 das Großsegel aufgemacht werden muss, damit das Boot nicht in den Wind schießt. Am einfachsten ist der Vorsegelwechsel auf einem Kurs vor dem Wind. Die Bordfrau übernimmt die Pinne,

3 fiert die Großschot auf und fällt ab. Der Mann geht auf der Luvseite nach vorn.

4 Die Bordfrau öffnet die Klemme des Vorsegelfalls, der Mann auf dem Vorschiff zieht

5 das Segel an Deck.

6 Die Schot in Lee wird losgeworfen und das Segel im Bugkorb verpackt.

Grundsätzlich fallen zwei Arten des Vorsegelwechsels an – von einem großen Segel auf ein kleines, wenn der Wind zunimmt, und umgekehrt, wenn er abnimmt. Der Ablauf ist in beiden Fällen gleich, ob es sich bei dem neuen Segel um eine kleine Fock, eine Sturmfock oder eine Genua handelt. Am schwierigsten ist der Segelwechsel, wenn der Wind so stark zugenommen hat, dass das Boot nicht mehr richtig gesegelt werden kann, stark luvgierig geworden ist und an der Kreuz sehr stark krängt. Dann nämlich muss ein Crewmitglied auf das Vorschiff, und bei einer kleinen Mannschaft bleibt achtern nur noch der Rudergänger übrig. Bei viel Wind ist es deshalb wichtig, Rettungswesten mit Sicherheitsleinen anzulegen und sich immer irgendwo mit dem Karabiner festzuhaken. Das gilt für alle Crewmitglieder an Deck, denn bei viel Wind und Seegang ist es nur sehr schwer möglich, einen über Bord Gefallenen wieder aufzufischen. Ob der Wechsel einige Minuten länger dauert, spielt schließlich keine Rolle, die Sicherheit geht in jedem Fall vor.

1 Das heruntergenommene Vorsegel wird im Bugkorb mit einem Gummistropp oder einem Zeising gesichert. Das ist vor dem Wind relativ einfach, da der Winddruck gering ist. Dadurch hat man die Hände frei, um die Schoten zu lösen, ohne dass das Segel über Bord wehen kann.

2 Das Fall wird abgeschlagen und am Bugkorb gesichert. Es wird dazu einmal um den Bugkorb gelegt und mit dem eigenen Schnappschäkel an sich selbst festgemacht. Noch einfacher ist es mit einem angebändselten Haken und einer kleinen Schlaufe am Relingsdraht.

3 Der gleiche Haken erleichtert später auch das Anschlagen des Falls an dem neuen Vorsegel, da das Fall in der Nähe des Segelkopfes bleibt. Die Schlaufe am Schnappschäkel erleichtert das Öffnen, der standardmäßig angebrachte Ring allein ist sehr klein, und mit klammen Händen ist das Öffnen damit schwierig.

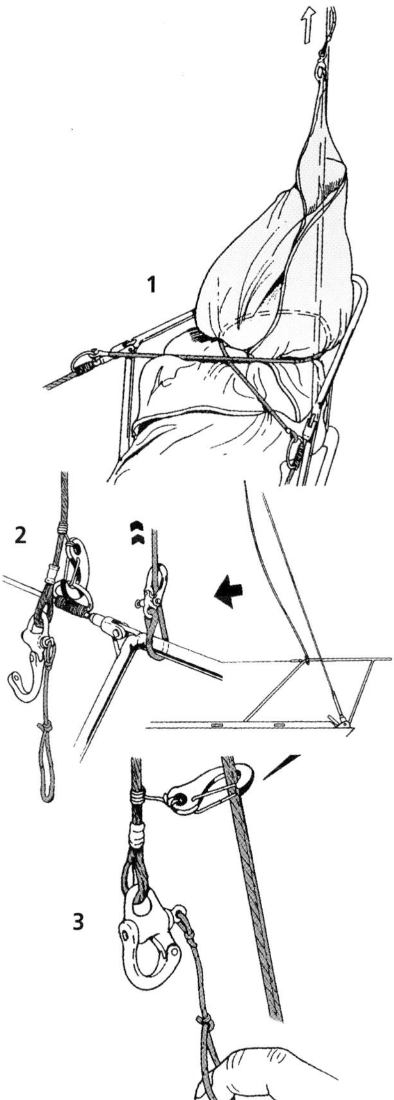

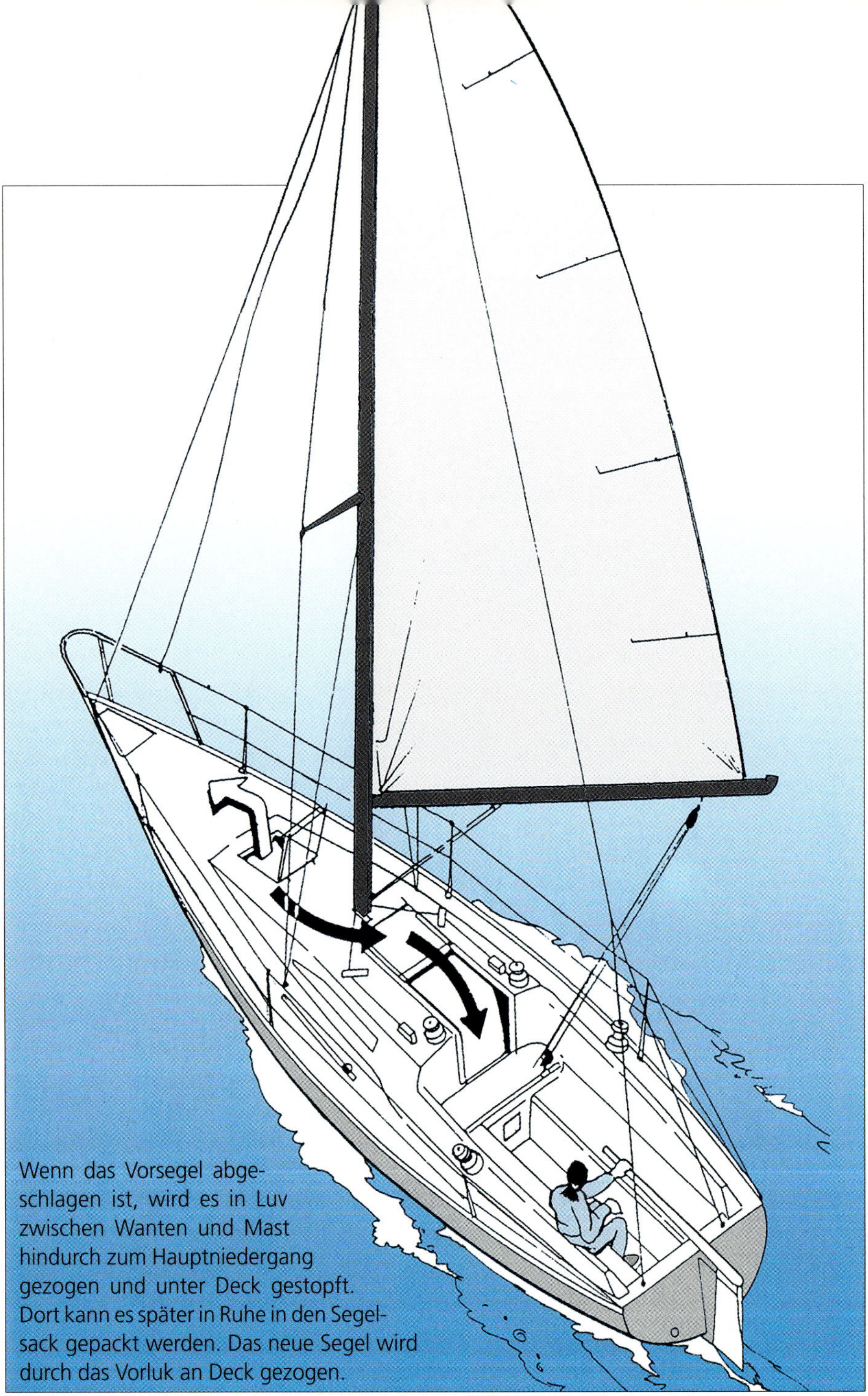

Wenn das Vorsegel abgeschlagen ist, wird es in Luv zwischen Wanten und Mast hindurch zum Hauptniedergang gezogen und unter Deck gestopft. Dort kann es später in Ruhe in den Segelsack gepackt werden. Das neue Segel wird durch das Vorluk an Deck gezogen.

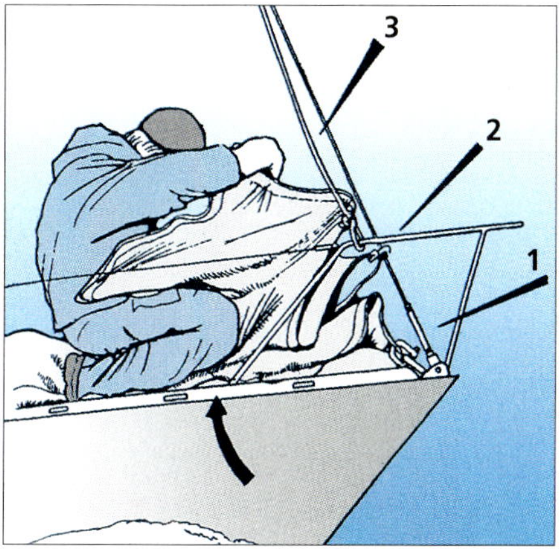

Das Anschlagen des neuen Segels läuft in der folgenden Reihenfolge ab:

1 Der Segelhals wird befestigt.
2 Die Stagreiter werden am Vorstag befestigt.
3 Zuletzt wird das Fall angeschlagen.

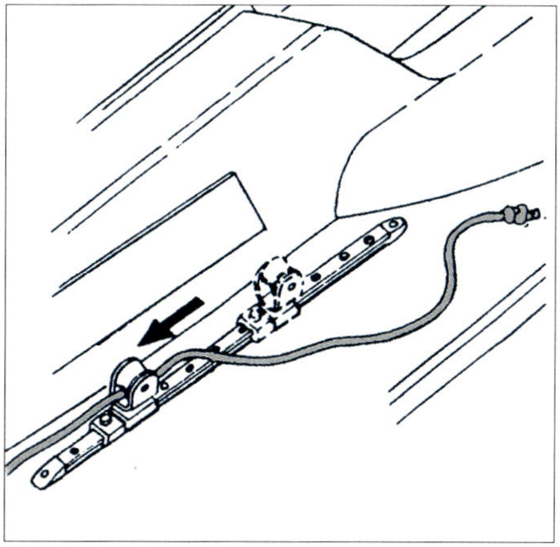

Wenn möglich, können die Holepunkte aus dem Cockpit heraus auf das neue Segel eingestellt werden. Dazu sind Markierungen an den Schienen sehr hilfreich.

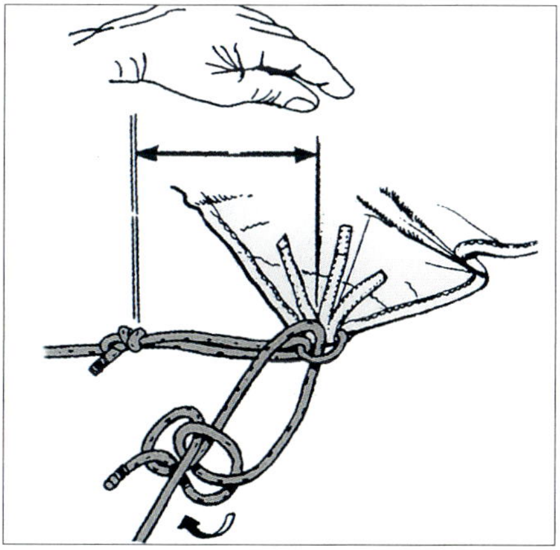

Die Schoten werden mit Palsteks am Schothorn befestigt. Ist das Segel so geschnitten, dass das Schothorn dicht über den Holepunkten steht, müssen sie kurz geknotet werden.

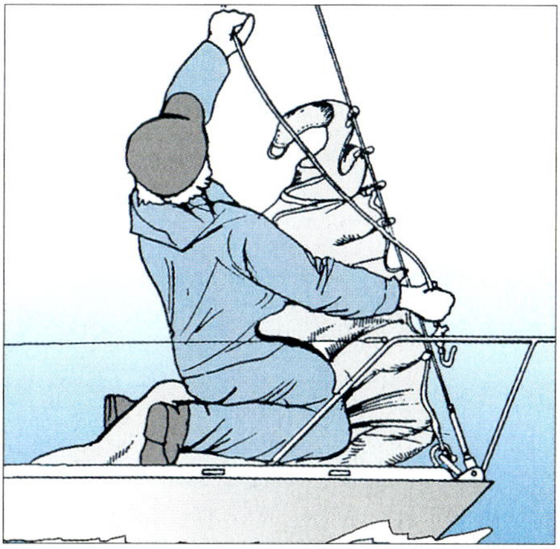

Bevor das Fall angeschlagen wird, muss kontrolliert werden, ob es bis zum Block beziehungsweise bis zum Falleintritt klar vom Vorstag und von den Salingen läuft. Ist es vertörnt, kann es sich verklemmen, und dann geht nichts mehr!

Die abgebildete Grafik ist nur ein Beispiel und deshalb natürlich nicht für alle Bootstypen gültig. Es soll lediglich verdeutlicht werden, dass man auf kleinen, modernen See- und Küstenkreuzern normalerweise nur einmal das Vorsegel wechselt. Mehr als zwei Vorsegel sind auf den meisten kleinen Booten gar nicht vorhanden. Der nächste Schritt nach dem Vorsegelwechsel wäre das Reffen.

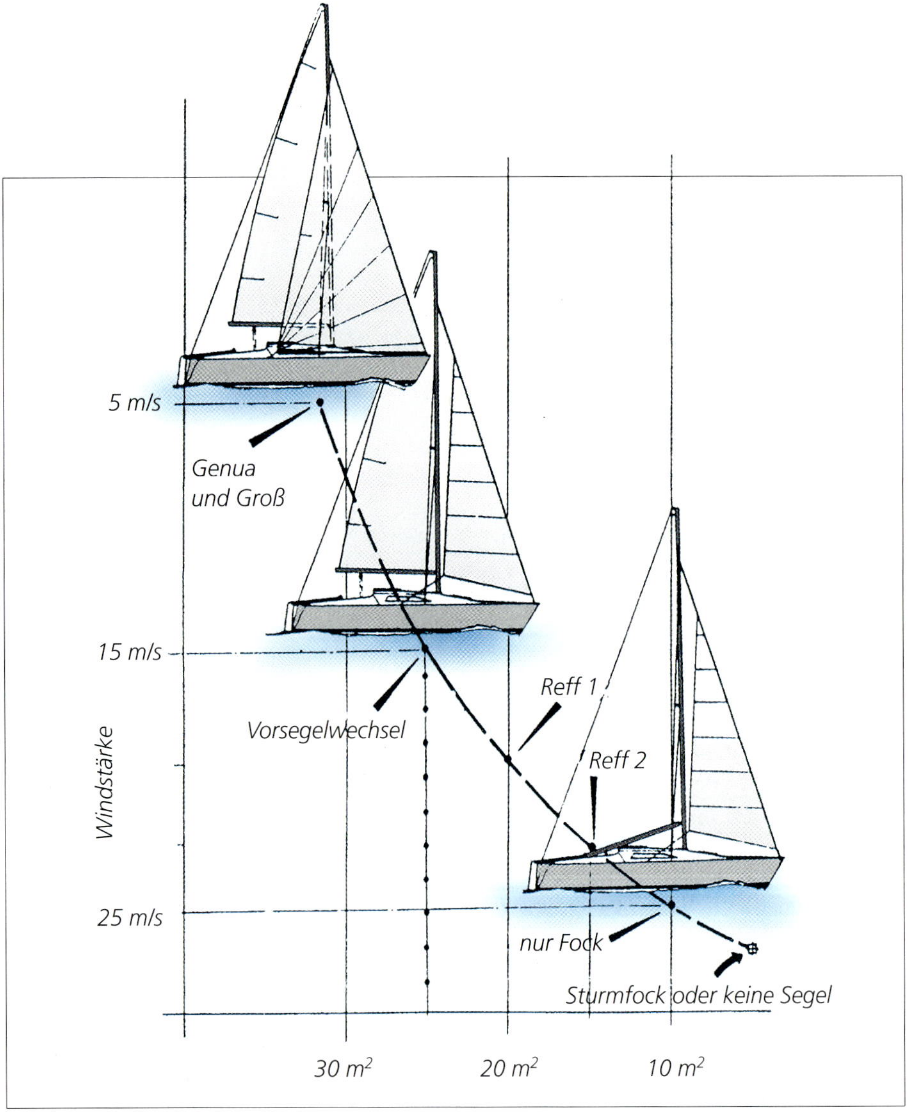

Noch immer vor dem Wind segelnd, wird das neue Vorsegel vom Cockpit aus vorgeheißt. Solange das Großsegel den Vorschiffsbereich abdeckt, kann das Vorsegel dabei kaum Wind fangen. Trotzdem – je schneller es gesetzt wird, desto besser. Die Steuerfrau nimmt beim Setzen die Schot in die Hand, die zweimal um die Winsch gelegt sein sollte.

Spinnaker setzen

Der Spinnaker soll auf Steuerbord gesetzt werden. Achterholer und Schot sind bereits angeschlagen, der Spi selbst befindet sich noch in seinem Sack.

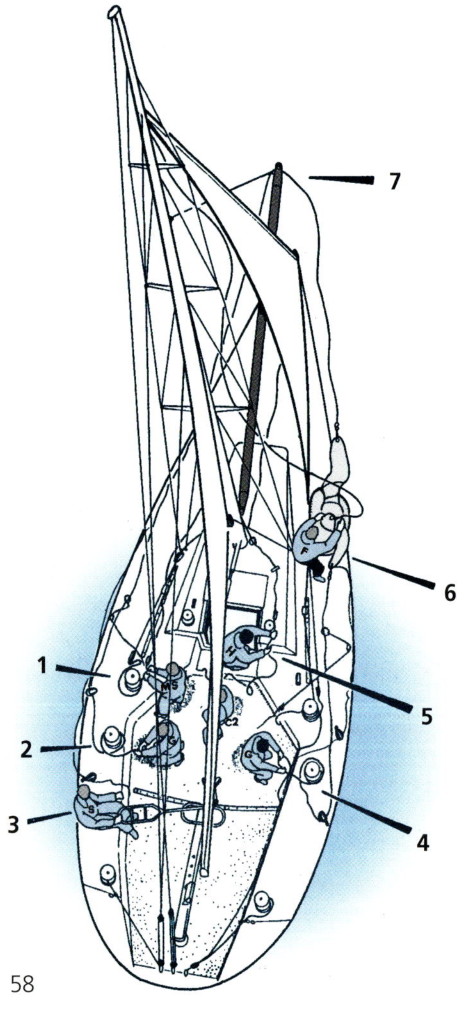

Das Setzen des Spinnakers an der Luvtonne mit anschließendem Abfallen wird zwar als »das einfache Spisetzen« bezeichnet, trotzdem müssen alle Handgriffe sitzen. Da auf modernen Cuppern nur wenige Winschen vorhanden sind, müssen sie mehrere Funktionen erfüllen – so auch beim Setzen des Spinnakers.

Rechtzeitig vor Erreichen der Luvtonne wird der Spinnaker zum Setzen vorbereitet.

1 Der Großschotmann (MS) legt die Großschot auf die freie luvwärtige Genuawinsch und macht sie klar zum Fieren.
2 Der Genuatrimmer (G) legt den Achterholer des Spinnakers auf die jetzt freie Großschotwinsch.
3 Der Steuermann (S) steuert die Luvtonne an.
4 Der zweite Genuamann (G) legt die Spinnakerschot auf die leewärtige Großschotwinsch.

5 Der Fallenmann (H) bereitet das Spinnakerfall und das Genuafall vor.
6 Der Vorschiffsmann (F) pickt das Fall ein.
7 Der Spibaum ist bereits gesetzt.

Das Boot erreicht innerhalb der nächsten Sekunden die Luvtonne.

1 Der Taktiker (T) hat das Leebackstag völlig gelöst. Er enscheidet, wann der Spinnaker vorgeheißt wird.
2 Der Genuamann (G) hält die Spinnakerschot bereits in der Hand.
3 Der Spinnakersack ist an der Reling festgelascht und weit offen.
4 Der Vorschiffmann (F) geht an den Mast, um das Fall vorheißen zu können.
5 Der Fallenmann (H) steht klar am Spinnakerfall, das Genuafall hat er bereits klar zum Loswerfen gelegt.
6 Der Großschotmann (MS) holt den Achterholer so weit, dass das luvwärtige Schothorn des Spinnakers bis zur Nock des Spinnakerbaums kommt. Bei viel Wind muss er den Achterholer so weit holen, dass der Baum auf keinen Fall gegen das Vorstag schlagen kann – die modernen Bäume aus Kohlefasern brechen dabei sehr leicht.
7 Der Navigator (N) bereitet Backstag und Achterstag zum Fieren vor und nimmt die Rundungszeit unmittelbar an der Tonne.

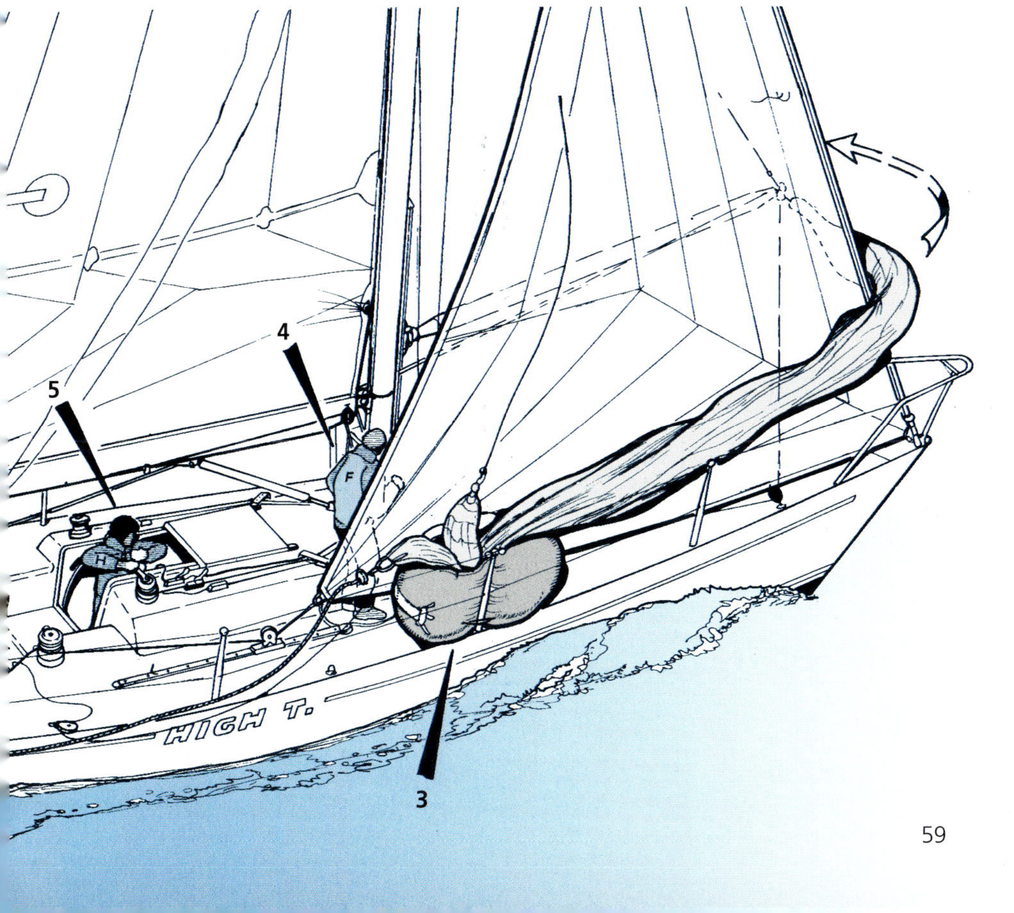

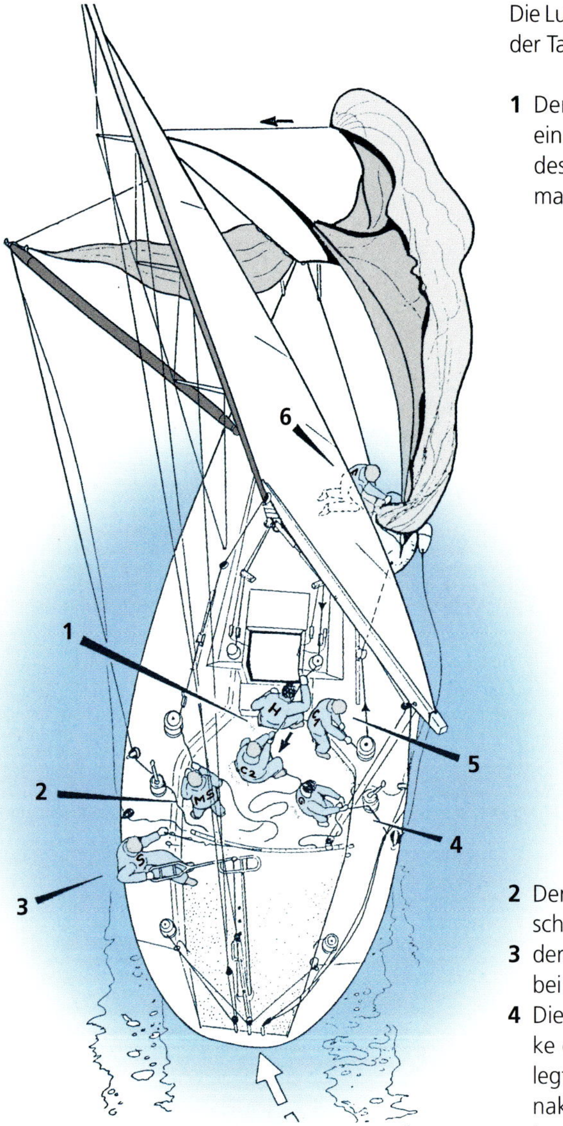

Die Luvtonne ist erreicht. »Heiß auf Spi!« brüllt der Taktiker.

1 Der Fallenmann (H) reißt zusammen mit einem Cockpitmann (C2) die letzten Meter des Spinnakerfalls hoch. Der Vorschiffsmann (F) half nur bei den ersten Metern.

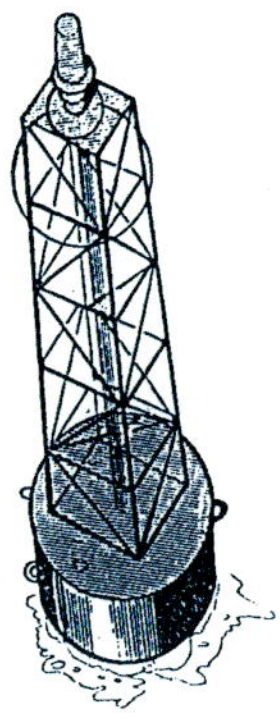

2 Der Großschotmann (MS) fiert die Großschot im gleichen Maße, wie

3 der Steuermann (S) langsam abfällt und dabei den Manöverablauf beobachtet.

4 Die Spinnakerschot wird je nach Windstärke ein- oder mehrmals um die Winsch gelegt, der Genuamann (G) bedient die Spinnakerschot und beobachtet dabei das luvwärtige Liek des Spinnakers.

5 Ein Cockpitmann (C) fiert die Genuaschot, während

6 der Vorschiffsmann (F) dem unteren Teil des Spinnakers aus dem Sack hilft.

Der Spinnaker steht bereits unmittelbar neben der Tonne.

1 Der Fallenmann (H) stoppt das Spinnakerfall mit der Hebelklemme ab und löst gleichzeitig das Genuafall.

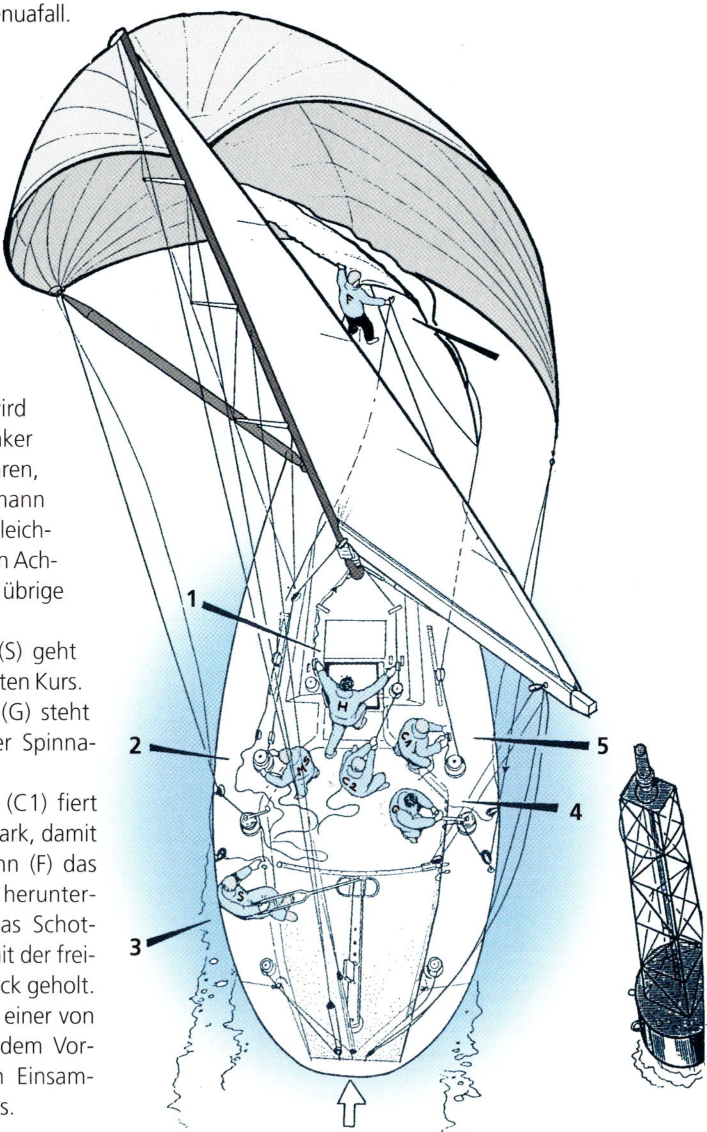

2 Die Großschot wird auch unter Spinnaker dauernd mitgefahren, der Großschotmann (MS) bedient bei leichtem Wind auch den Achterholer, wenn die übrige Crew in Lee sitzt.

3 Der Steuermann (S) geht auf den gewünschten Kurs.

4 Der Genuamann (G) steht noch allein an der Spinnakerschot.

5 Ein Cockpitmann (C1) fiert die Genuaschot stark, damit

6 der Vorschiffsmann (F) das Vorsegel schnell herunternehmen kann. Das Schothorn wird dabei mit der freien Luvschot an Deck geholt. Bei viel Wind hilft einer von der Cockpitcrew dem Vorschiffsmann beim Einsammeln des Vorsegels.

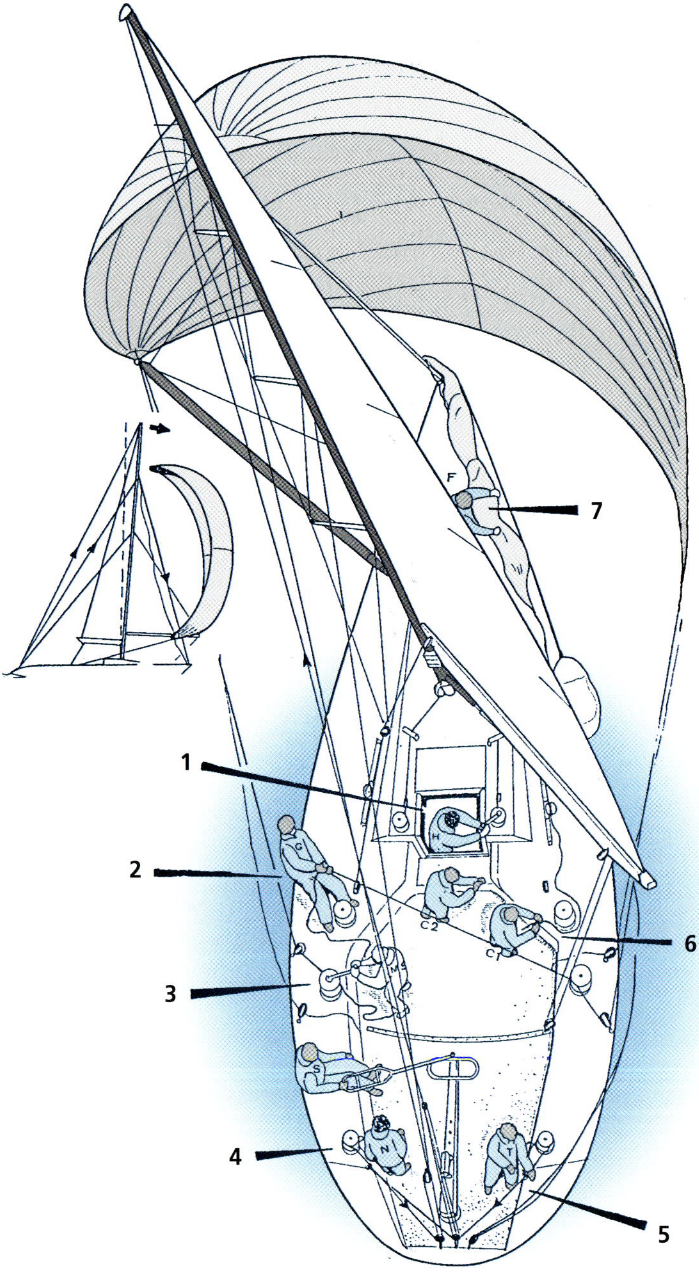
1
2
3
4
5
6
7
F
G
H
C2
C1
MS
S
N
T

Auf Kursen vor dem Wind wird der Mast extrem nach vorn gekippt, um dem schräg auf die Wasseroberfläche auftreffenden Wind eine große Angriffsfläche bieten zu können.

1 Nachdem der Steuermann das Schiff auf einen Kurs platt vor dem Wind gebracht hat, setzt der Fallenmann (H) das am Bugbeschlag eingepickte Genuafall dicht und kippt damit den Masttopp nach vorn.
2 Der Genuamann (G) steht inzwischen auf dem Luvdeck mit der Spinnakerschot in der Hand. Bei leichtem Wind kann er die Schot allein fieren und dichtholen, bei viel Wind muss einer der Cockpitleute an der Winsch stehen.
3 Der Großschotmann (MS) bedient bei Bedarf den Achterholer.
4 Der Navigator (N) löst das Backstag,
5 der Taktiker (T) das Achterstag, damit der Mast nach vorn gekippt werden kann.
6 Die Genuaschot wird klargelegt, damit das Vorsegel notfalls schnell gesetzt werden kann.
7 Der Vorschiffsmann (F) packt die Genua lose zusammen und sichert sie mit quer über das Vorschiff gespannten Gummis, damit sie nicht über Bord gewaschen werden kann.

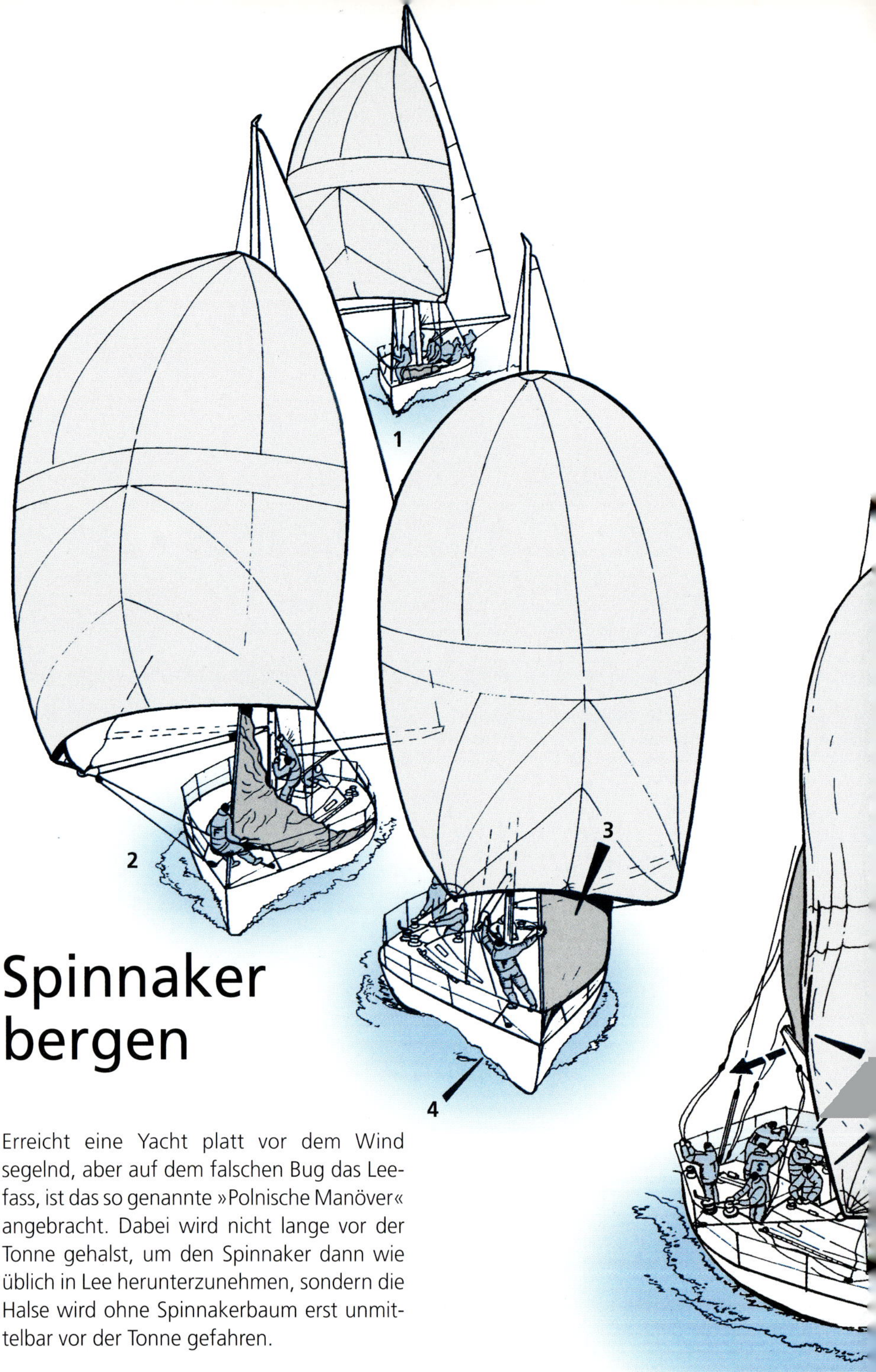

Spinnaker bergen

Erreicht eine Yacht platt vor dem Wind segelnd, aber auf dem falschen Bug das Leefass, ist das so genannte »Polnische Manöver« angebracht. Dabei wird nicht lange vor der Tonne gehalst, um den Spinnaker dann wie üblich in Lee herunterzunehmen, sondern die Halse wird ohne Spinnakerbaum erst unmittelbar vor der Tonne gefahren.

1 Vor dem Wind segelnd kann die Genua rechtzeitig zum Setzen vorbereitet werden.

2 Der Zeitpunkt des Vorheißens der Genua ist vorm Wind unkritisch. Es sollte nicht zu knapp vor der Tonne geschehen, da der Vorschiffsmann kurze Zeit später alle Hände voll zu tun hat.

3 Während die Genua bereits steht und durchgeholt ist, wird

4 der Spinnakerbaum ausgepickt und vom Vorschiffsmann an Deck gelegt. Der Steuermann muss jetzt einen Kurs steuern, der dem Boot so viel Raum an der Tonne lässt, dass es nach der Halse neben der Tonne bereits auf einem Kurs hoch am Wind liegt. Der Spinnaker muss aufmerksam gefahren werden, da der stützende Spinnakerbaum nicht mehr steht.

5 Unmittelbar vor der Tonne wird gehalst. Die Vorschiffsmannschaft sorgt dafür, dass die Genua ohne Probleme auf die neue Seite übergeht.

6 Die Genuatrimmer fieren die Schot und holen sie auf der neuen Leeseite schnell dicht.

7 Die Cockpitmannschaft fährt gleichzeitig eine normale Halse.

8 Der Spinnaker wird unmittelbar nach der Halse geborgen.

9 Der Fallenmann sorgt dafür, dass das Spinnakerfall frei ausrauschen kann und hilft, den Spinnaker durch das Luk unter Deck zu stopfen.

10 Der Genuatrimmer holt die Schot entsprechend der Drehbewegung des Bootes auf den Amwindkurs dicht.

11 Während der Taktiker noch das Luvbackstag auf die gewünschte Spannung kurbelt, nimmt der Navigator die Zeit der Tonnenumrundung.

12 Wie die Genua wird auch das Großsegel möglichst schnell, aber immer relativ zur Drehbewegung der Yacht dichtgeholt.

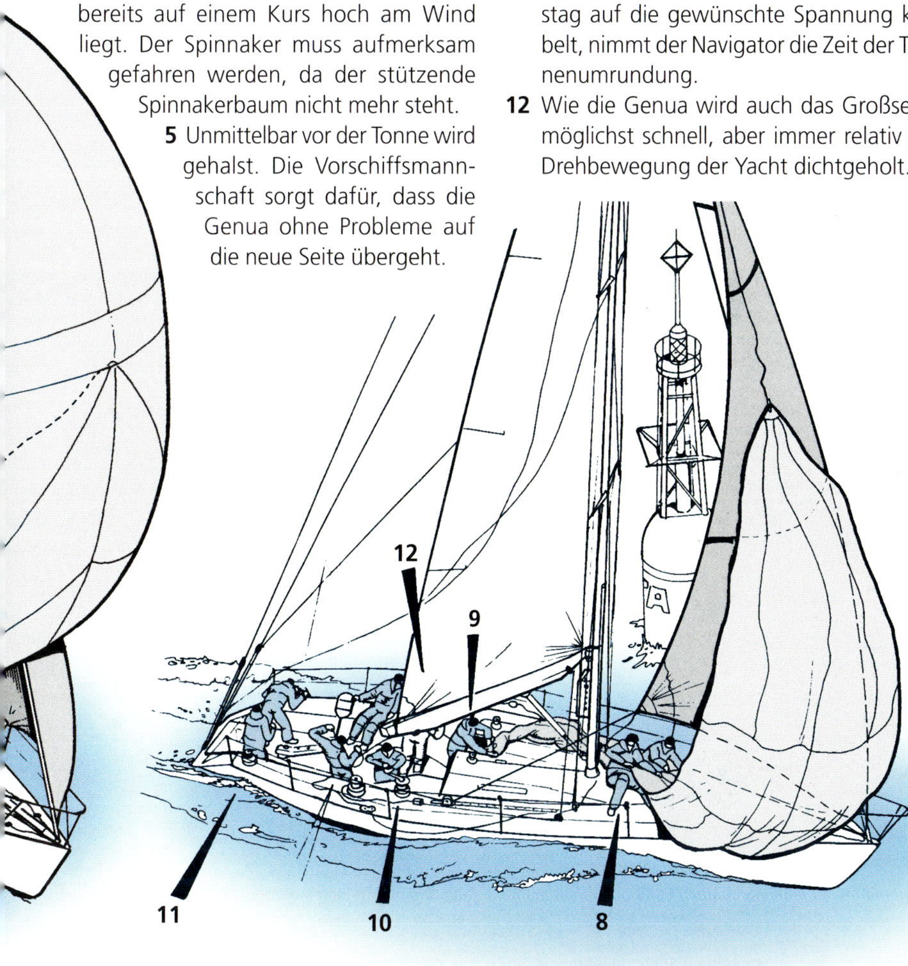

Das normale Spinnaker-Bergemanöver ist immer dann angebracht, wenn sich viele Schiffe vor der Leetonne in einem Pulk versammeln. Man hat dann die Möglichkeit, den Spinnaker notfalls auch etwas früher zu bergen, um etwaigen chaotischen Zuständen zu entgehen, indem die Yacht entweder abgebremst wird oder man einfach außen um den Pulk herumsegelt. Die Entscheidung, auf welchem Bug man an die Tonne heranfährt, hängt von der allgemeinen Situation ab, wobei natürlich die Vorfahrtregeln zu beachten sind.

1 Die Genua sollte nicht zu spät gesetzt werden, weil man einen kleinen Haker des Vorlieks im Profilvorstag manchmal nicht vermeiden kann. Die Genuaschot muss nach dem Setzen gefiert bleiben, damit die Strömung am Spinnaker nicht abreißt und das Segel dadurch einfällt.

2 Der Vorschiffsmann steht mit einem Aufreißdorn in der Hand auf dem Bugkorb und wartet auf das Kommando zum Öffnen des Achterholerschäkels, während achtern die Cockpitmannschaft klarsteht zum Bergen des Spinnakers und zum Dichtholen von Genua und Großsegel. Das kleine Bild verdeutlicht den Drahtseilakt des Vorschiffsmannes: Auf dem wackeligen Bugkorb stehend, hält er sich am Niederholer des Spinnakerbaumes fest. Die Cockpitmannschaft muss den Baum rechtzeitig in diese Stellung bringen, damit der Vorschiffsmann mit seinem Dorn den Schäkel erreichen und öffnen kann.

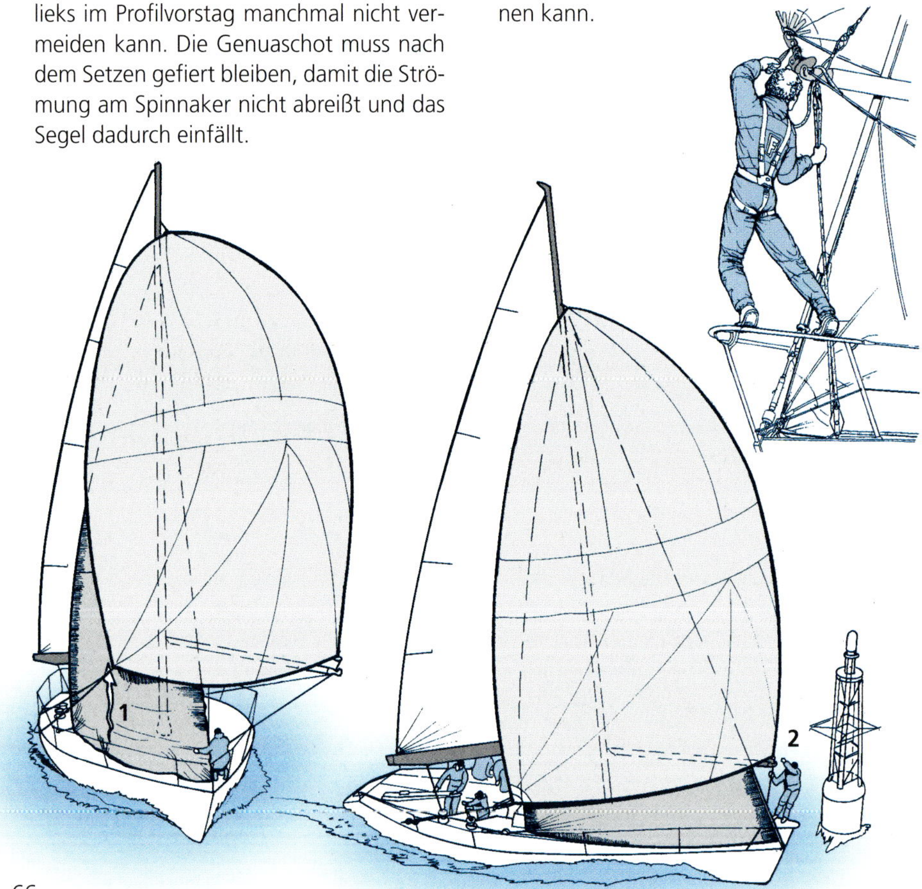

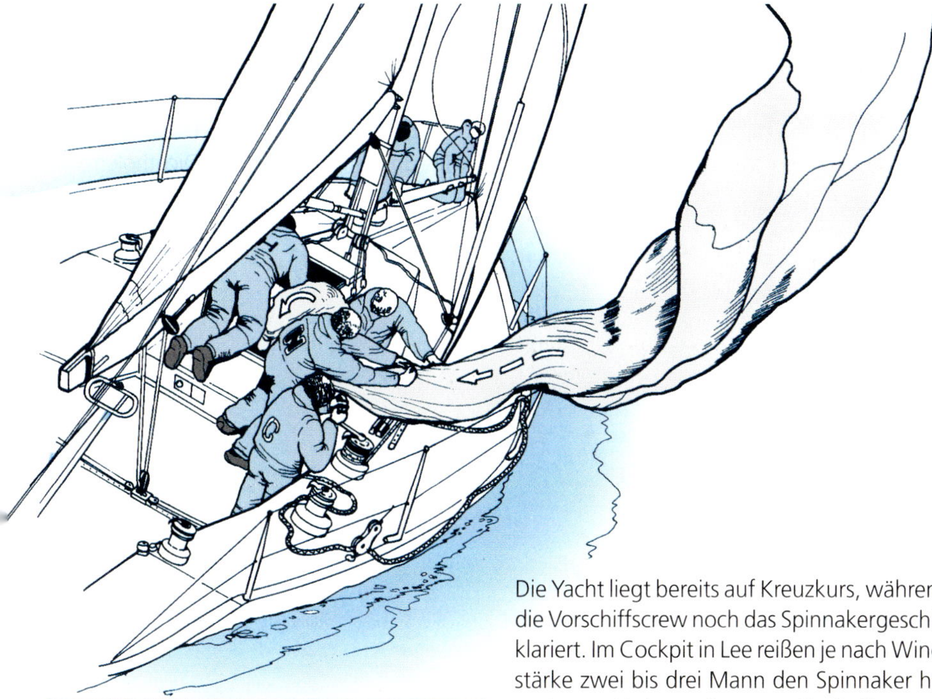

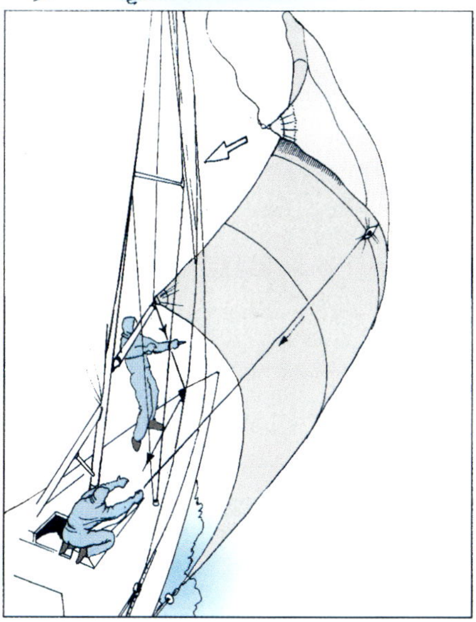

Die Yacht liegt bereits auf Kreuzkurs, während die Vorschiffscrew noch das Spinnakergeschirr klariert. Im Cockpit in Lee reißen je nach Windstärke zwei bis drei Mann den Spinnaker herunter und bringen ihn unter Deck. Das muss so schnell wie nur irgend möglich geschehen, denn alle Mann werden zum Trimm auf der Luvkante dringend gebraucht. Wichtig ist dabei, dass das Spinnakerfall schnell genug gefiert wird. Eine seltener gewordene Variante des Spinnaker-Bergens ist die mithilfe einer dünnen Bergeleine, die etwa in der Mitte des Spinnakers befestigt ist. Sobald das Kommando zu Bergen kommt, wird das Fall ruckartig weit gefiert, sodass der Mann mit der Bergeleine schnell viel Tuch an Deck ziehen kann. Der Rest wird später an der Kreuz von einem Cockpitmann eingesammelt. Diese Methode wird nicht mehr oft angewendet, da sich ab und zu die Bergeleine mit anderem Tauwerk verheddert oder gar beim Auftuchen den Spinnaker unklar macht, sodass das Setzen nicht einwandfrei funktioniert.

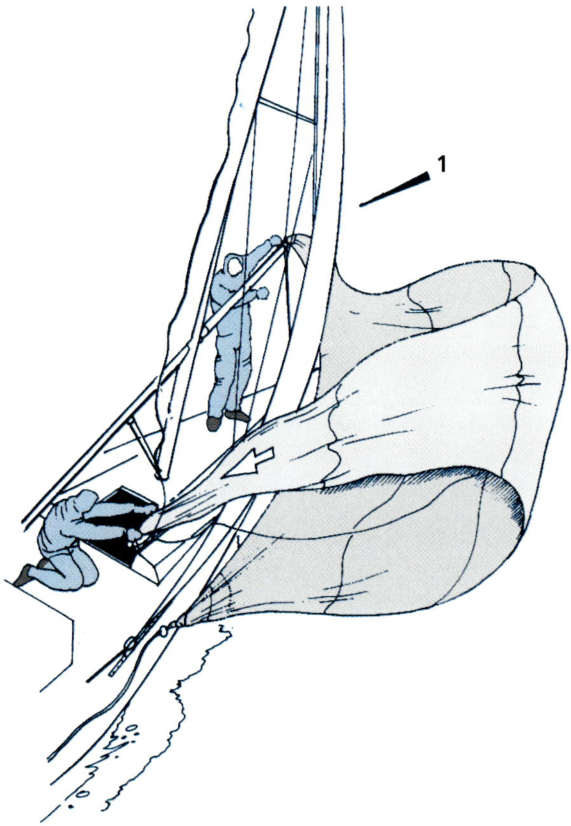

Wenn eine Bergeleine benutzt wird, bleibt der Achterholer am Schothorn des Spinnakers (**1**). Er wird erst dann ausgepickt oder einfach nur gefiert, wenn der größte Teil des Spinnakers bereits geborgen und unter Deck ist. Bei normalen Windbedingungen reichen zum Bergen ein Mann an und ein Mann unter Deck. Der Spinnaker wird einfach hereingezogen, aufgetucht wird er später, wenn das Schiff volle Geschwindigkeit an der Kreuz läuft. Es hilft, wenn der Mann unter Deck das Spinnakerfall auspickt und den Kopf des Spinnakers an einen Haken neben dem Niedergang hängt. Der Auftucher muss dann nicht lange nach dem Kopf suchen, um die Lieken zu klarieren. Die Yacht segelt mit voller Geschwindigkeit und optimaler Höhe am Wind. Die Genua wird getrimmt, damit der Steuermann die gewünschte Geschwindigkeit und Höhe auch steuern kann, währen der Fallenmann den letzten Rest des Spinnakers unter Deck zieht. Die restliche Mannschaft sitzt zu diesem Zeitpunkt längst wieder zum Trimm auf der Luvkante.

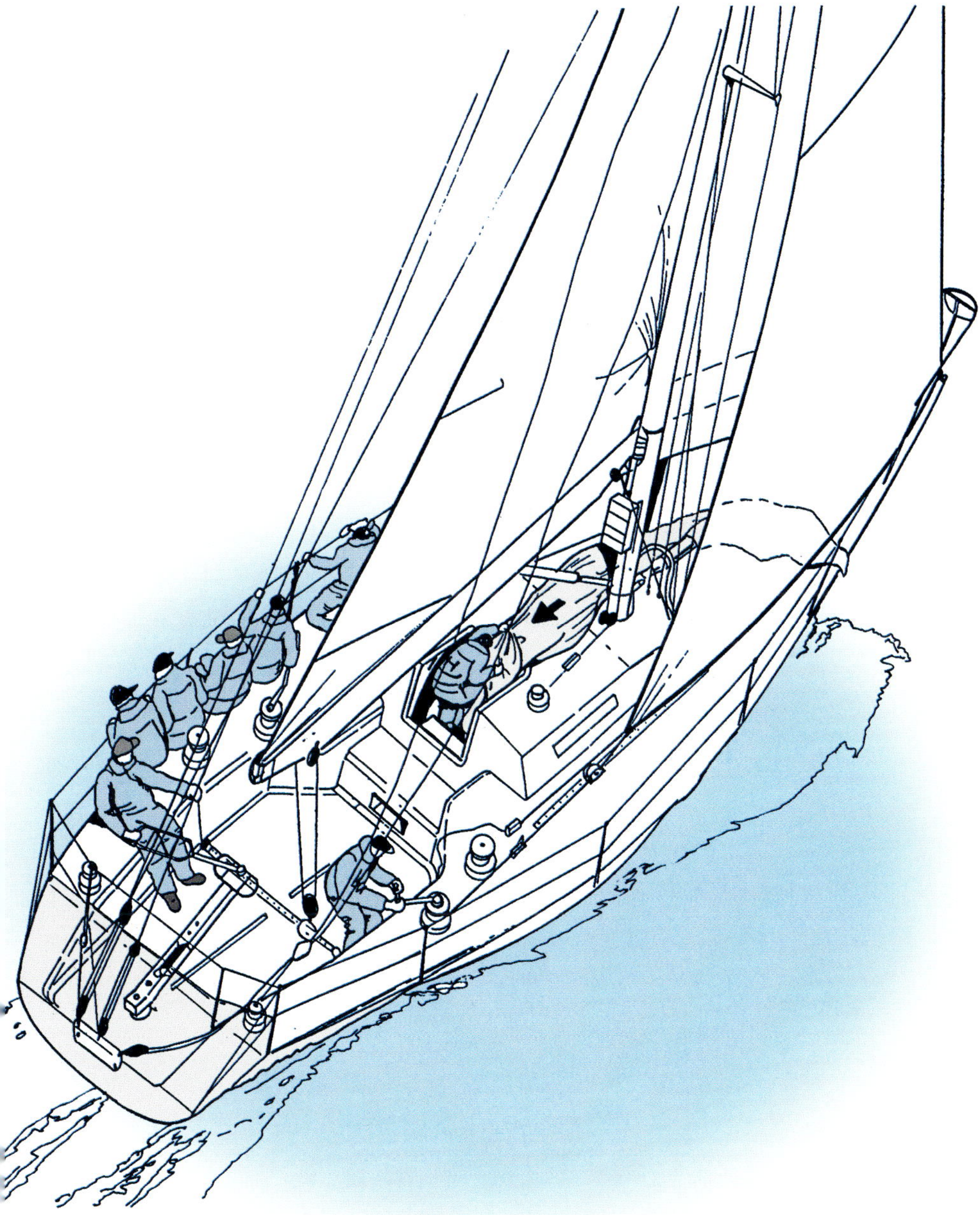

Reffen auf kleinen Kreuzern

Irgendwann kommt jeder Segler in die Lage, reffen zu müssen. Auf einem $^{7}/_{8}$-getakelten Boot wird man, da der Mast proportional zur Bootslänge weiter vorn steht, zunächst die Vorsegelfläche verkleinern und erst dann das Großsegel reffen; bei einem Topprigg muss das Großsegel deutlich früher verkleinert werden. Wenn der Wind immer mehr zulegt, wird jede Yacht irgendwann nicht mehr steuerbar, das Boot wird immer luvgieriger, die Krängung immer stärker. Fiert man dann lediglich die Großschot und lässt das Segel killen, wird es schnell zerstört. Um das zu verhindem, muss beizeiten gerefft werden.

Zunehmender Ruderdruck durch Luvgierigkeit und starke Krängung zwingen zum Reffen.

Die Standard-Reffmethode: 1 Schmeerreep in Klemme, **2** Dirk, **3** Großfall in Klemme, **4** Reffaugen. Zum Einhängen des Reffauges muss jemand nach vorn zum Mast.

Die Schnellreff-Methode: 1 Reffleine in Klemme, **2** Dirk, **3** Großfall in Klemme, **4** Reffaugen. Das Reffen kann vom Cockpit aus durchgeführt werden.

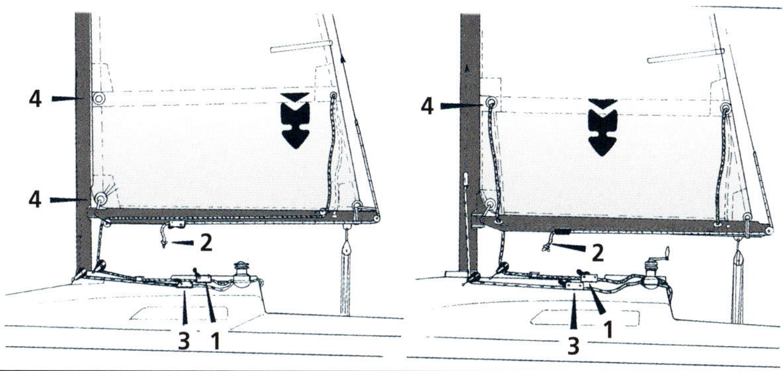

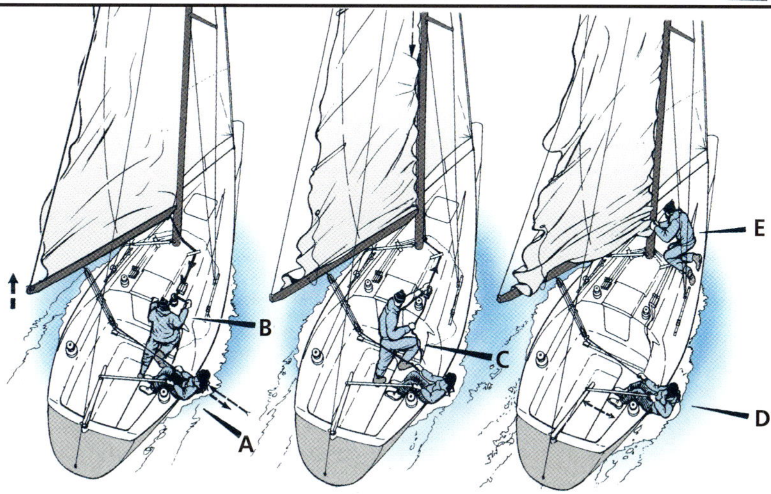

Die Standard-Reffmethode:

A Der Steuermann hält einen Kurs hoch am Wind und fiert die Großschot so weit auf, bis das Großsegel killt.

B Die Dirk muss durchgesetzt werden. Das ist besonders dann wichtig, wenn das Boot nicht mit einem Baumniederholer ausgerüstet ist, der den Großbaum auch stützen kann.

C Das Großfall muss so weit gefiert werden, dass das vordere Auge in den Beschlag am Mast eingehängt werden kann. Eine Markierung auf dem Fall ist hilfreich.

D Während der Steuermann einen möglichst sicheren Kurs steuert, muss

E das vordere Reffauge eingehängt werden. Dazu muss jemand an den Mast und sollte bei viel Wind und starkem Seegang angeleint sein.

Das Eindrehen in den Mast: 2 Dirk, **5** Unterliekstrecker in Klemme, **6** Leinen zur Bedienung der Rolleinrichtung in Klemmen.

Das Eindrehen in den Baum: 2 Dirk, **3** Großfall in Klemme. Zur Bedienung des Baumreffsystems muss jemand nach vorn zum Mast.

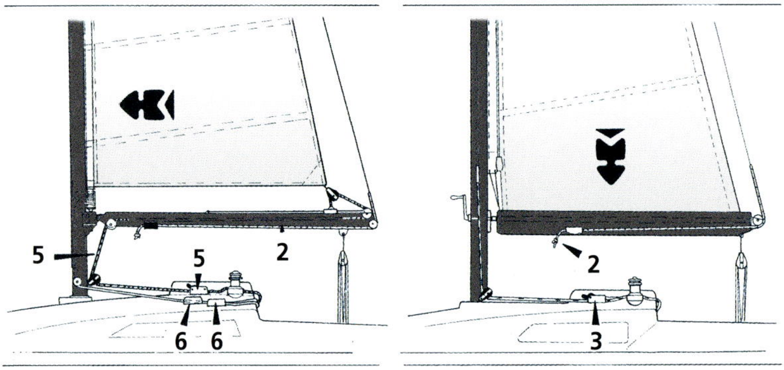

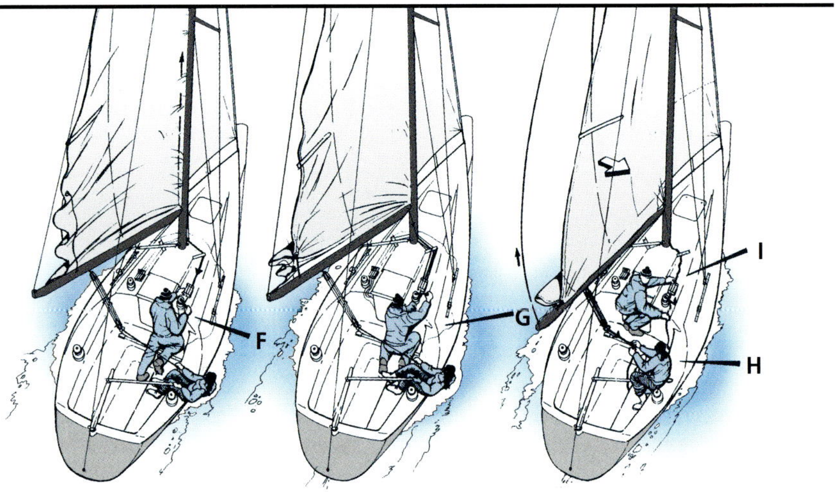

F Anschließend ist vom Cockpit aus das Großfall wieder stramm durchzusetzen.

G Als Nächstes muss das Schmeerreep durchgesetzt werden. Da dazu viel Kraft aufzuwenden ist, sollte eine Winsch benutzt werden.

H Der Steuermann kann die Großschot wieder dichtholen,...

I ... wenn die Dirk so weit gefiert worden ist, dass sie lose kommt. Der gereffte Teil des Großsegels sollte mit kurzen Bändseln zusammengebunden werden, die durch die kleinen Augen geführt werden. Das Ausreffen geschieht in genau umgekehrter Reihenfolge.

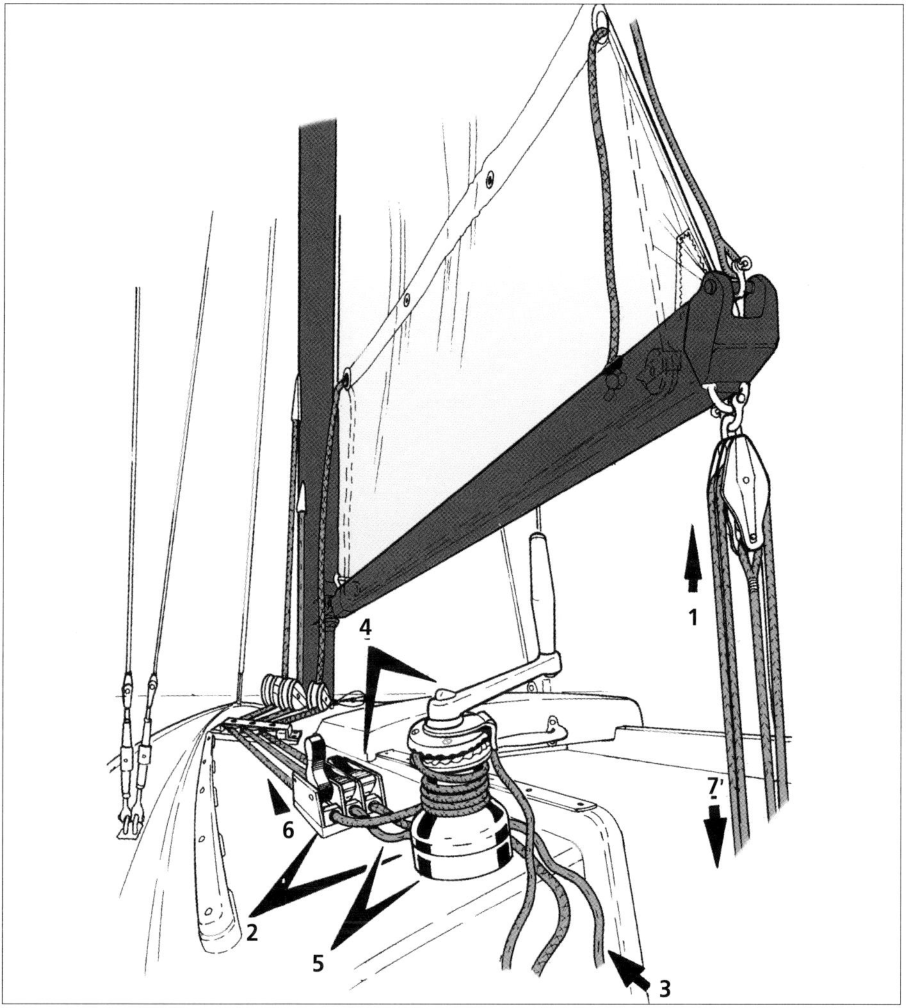

Die Schnellreff-Methode: Das Auge am Mast muss nicht am Lümmelbeschlag eingehängt werden. Deshalb braucht auch niemand das Cockpit zu verlassen. Das Prinzip des Schnellreff-Systems:

1 Die Großschot wird gefiert, sobald…

2 … die Dirk durchgesetzt worden ist.

3 Das Großfall wird bis zu einer Marke gefiert.

4 Das Schmeerreep wird dichtgeholt. Alle Umlenkrollen sollten möglichst leichtgängig sein, damit der Kraftaufwand nicht zu hoch wird.

5 Das Großfall kann dann wieder durchgesetzt werden.

6 Die Dirk wird wieder gefiert und…

7 … die Großschot wieder dichtgenommen.

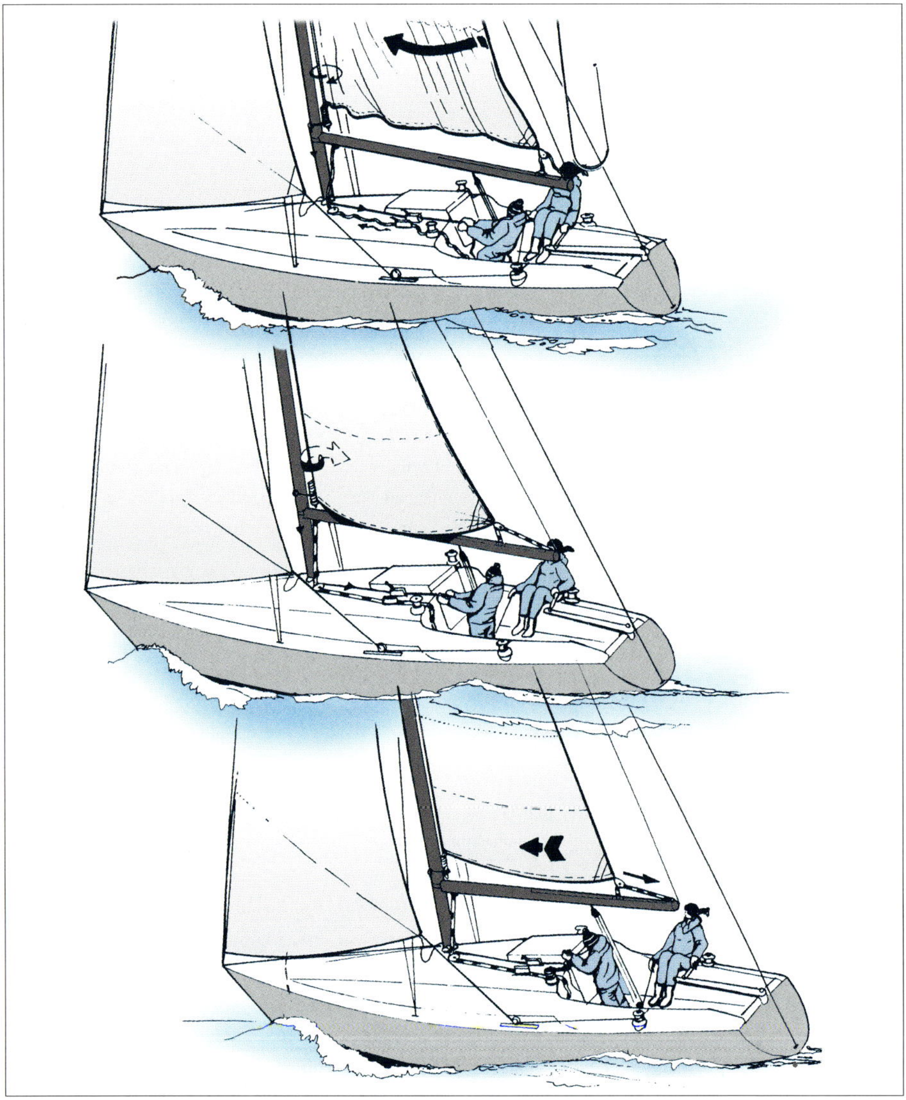

Auch wenn das Großsegel teilweise in den Mast eingerollt werden soll, muss zunächst die Dirk durchgesetzt werden. Dann müssen Großschot und Unterliekstrecker so weit gefiert werden, dass das Segel eingerollt werden kann.

Zum Schluss wird der Strecker wieder stramm durchgesetzt, damit das verkleinerte Segel ein flaches Profil erhält. Genauso wird das Großsegel vollständig geborgen, das Verfahren muss also nicht besonders geübt werden.

Segeln bei Seegang

Wenn der Wind immer mehr zulegt, die Wellen immer steiler und höher werden und sogar zu brechen beginnen, dann wird manchem Segler mulmig – besonders aber demjenigen, der wirklich schweres Wetter noch nicht erlebt hat. Wenn möglich, sollte man schweres Wetter meiden, aber das geht eben nicht immer. In so einem Fall muss man versuchen, den nächsten sicheren Hafen zu erreichen. Selbst mit einer kleinen Yacht und kleiner Crew ist dies unter Beachtung bestimmter Regeln gefahrlos möglich, auch wenn es unangenehm und nass wird. Das Kreuzen in hohem Seegang erfordert einen sehr konzentrierten Rudergänger. In den Wellentälern sollte er leicht abfallen und die Großschot oder den Traveller fieren, um die Geschwindigkeit zu erhöhen. Während er den Wellenberg hinaufsegelt, muss er anluven und dabei die Schot dichtnehmen. Nachdem der Kamm überquert ist, beginnt das Spiel von neuem.

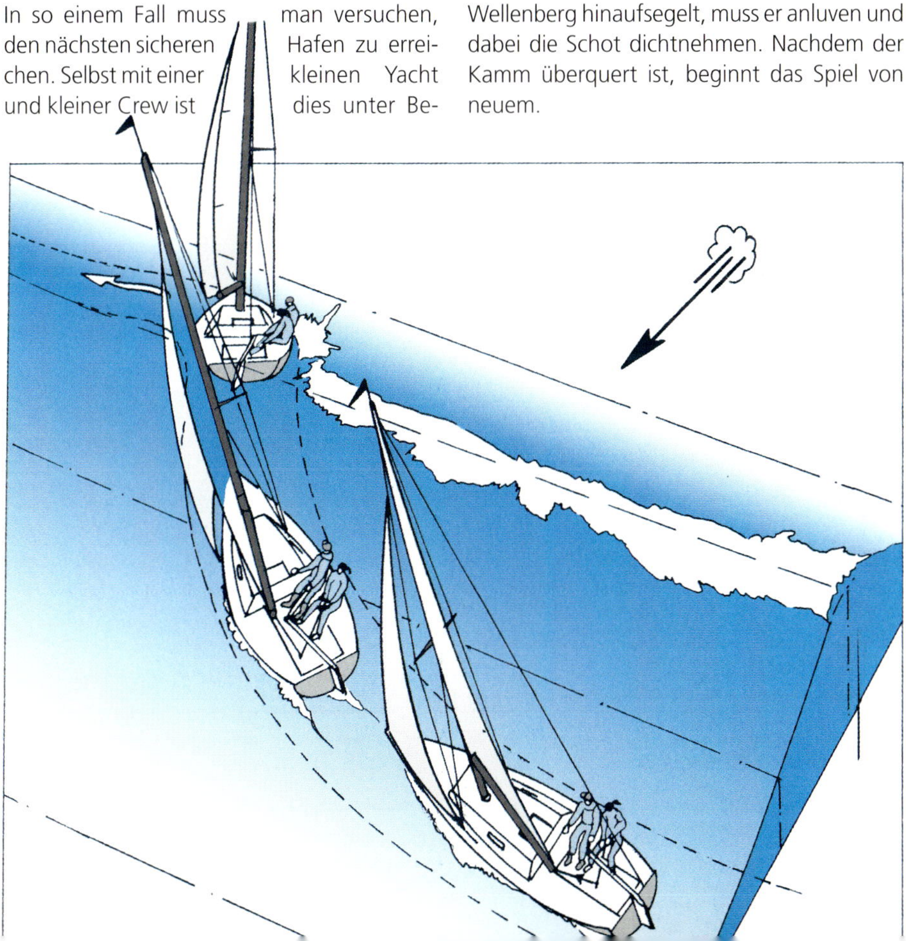

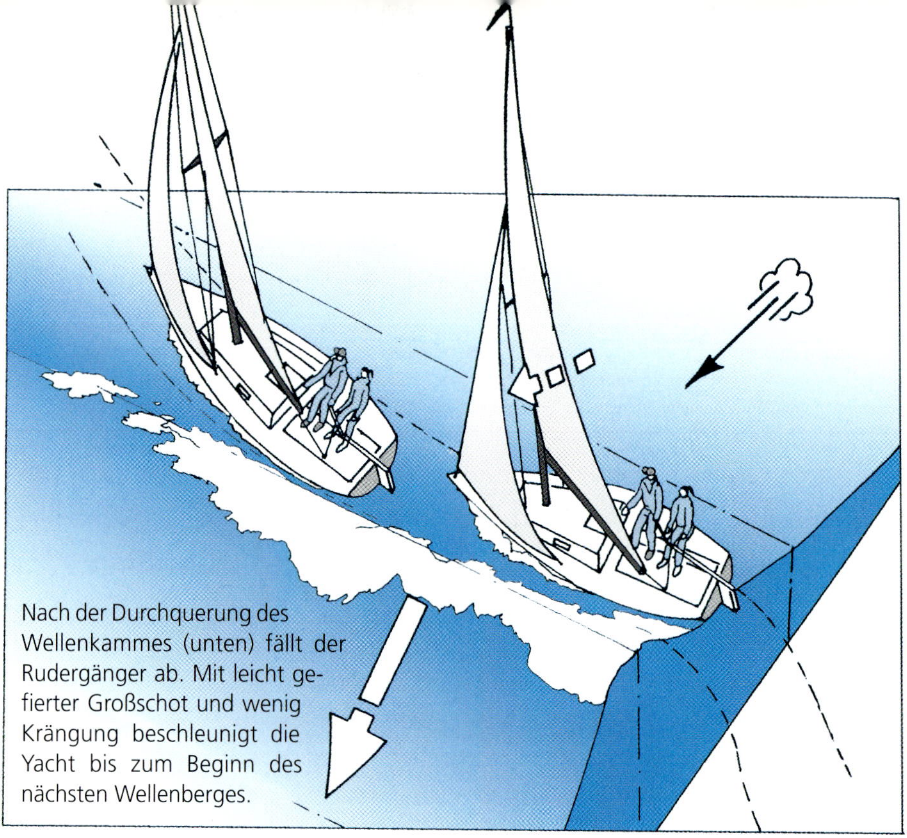

Nach der Durchquerung des Wellenkammes (unten) fällt der Rudergänger ab. Mit leicht gefierter Großschot und wenig Krängung beschleunigt die Yacht bis zum Beginn des nächsten Wellenberges.

Wenn der Wind allmählich immer stärker wird und der Seegang zunimmt, sollte zunächst die Yacht unter Deck vorbereitet werden:

1 Alle losen Küchenutensilien sicher verstauen oder in der Spüle lagern.

2 Das Navigationsbesteck ebenfalls wegräumen, am besten in den Kartentisch.

3 Auch im WC-Raum müssen alle losen Teile verstaut werden, die Seeventile sind auf jeden Fall zu schließen.

4 Das WC sollte leergepumpt werden, die Ventile für Zu- und Ablauf sind fest zu schließen.

5 Alle Kissen und losen Teile im Salon hinter den Rückenlehnen verstauen.

6 Sitzpolster und Matratzen sichern.

7 Decken, Taschen und sonstige Gegenstände so lagern, dass sie nicht herumfliegen oder nass werden können.

8 Die Sturmfock sollte so deponiert sein, dass sie jederzeit und schnell erreichbar ist.

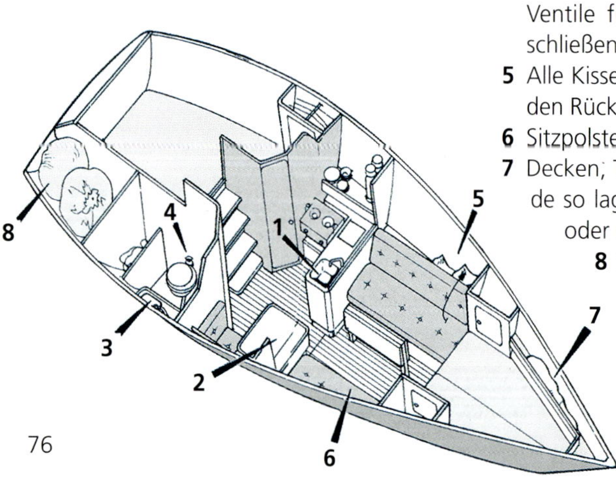

Die Vorbereitungen für Starkwind an Deck:

1 Backstag (oder Achterstag) muss dichtgeholt sein, damit sich der Mast nicht schüttelt und das Vorstag nicht durchhängt.

2 Der Traveller sollte klarlaufen, das Unterliek ausgeholt und die Großschot nicht völlig dicht sein, damit das Segel flach und oben offensteht.

3 Das Schiebeluk muss geschlossen werden.

4 Den Baumniederholer ansetzen, um das Steigen des Baumes zu verhindern.

5 Ein hoch geschnittenes Vorsegel setzen, das kein Wasser fängt.

6 Alle Decksöffnungen sicher verschließen.

7 Alle Sicherungen der Spanner prüfen (auch wenn nicht im Sturm gesegelt wird).

8 Die Crew sollte dicht hinter der Kajüte im Cockpit sitzen und sich anleinen.

Die beste Crewposition an der Kreuz in hohem Seegang:

1 Der Rudergänger muss sich mit den Füßen gut abstützen können.

2 Der Ausleger wird benutzt, um immer einen freien Blick auf die Telltales der Fock zu haben.

3 Das zweite Crewmitglied muss sich ebenfalls gut abstützen und die Großschot immer griffbereit haben.

Wenn das Boot den Wellenkamm mit zu geringer Geschwindigkeit erreicht und ihn nicht durchqueren kann, muss die Fockschot sofort gefiert werden, um eine unfreiwillige Wende zu vermeiden. Das Ruder soll so gelegt sein, dass das Boot beim Rückwärtssegeln auf den alten Bug zurückfällt.

Jede Segelyacht bewegt sich im Seegang um drei Achsen – Gier-, Roll- und Stampfachse. Alle drei Achsen schneiden sich in einem Punkt, der normalerweise in der Nähe des Niederganges etwa auf der Fußbodenebene liegt. Mit das beste Mittel gegen Seekrankheit ist, die betreffende Person möglichst nahe an diesen Achsenschnittpunkt zu setzen. Da dieser Punkt immer unter Deck liegen dürfte, ist eine Sitzposition auf dem Brückendeck optimal und selbst bei geschlossenem Schiebeluk möglich.

Ein Seekranker sollte am besten im Cockpit stehend die Schiffsbewegungen ausbalancieren und auf den Horizont schauen.

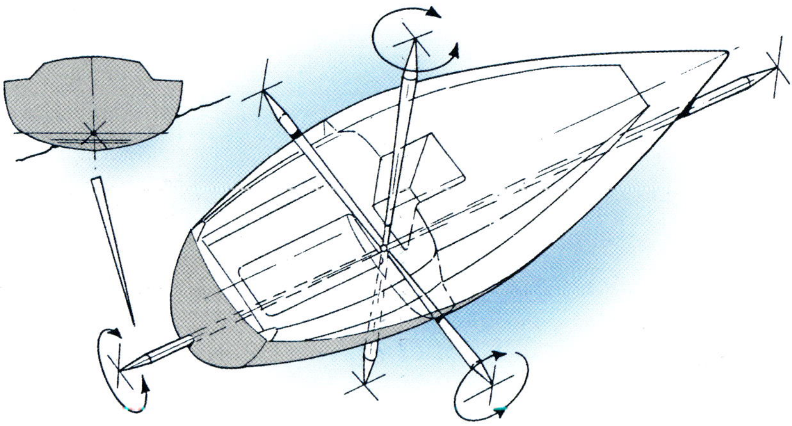

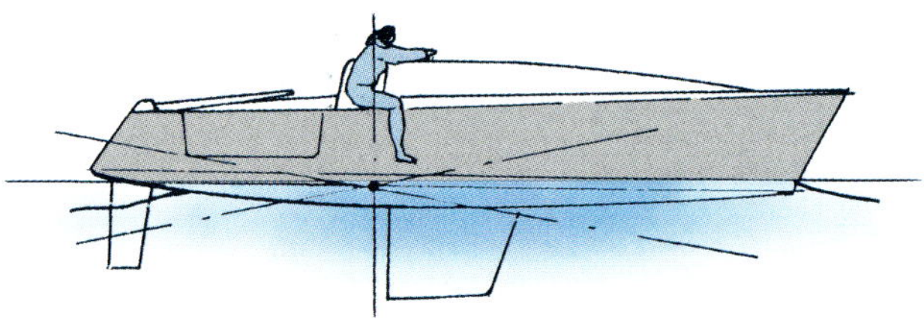

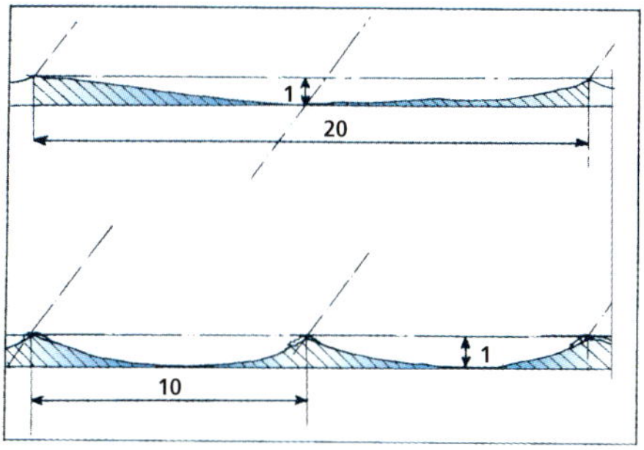

Bei Seegang ist zwischen Schwell und Windsee zu unterscheiden. Schwell ist der Restseegang einer zurückliegenden Starkwind-Periode, das Verhältnis von Wellenlänge zu -höhe ist klein. Gerade erzeugter Seegang ist an erheblich kürzeren Wellenlängen erkennbar. Bei viel Wind beginnen die Kämme bald zu brechen, das Wasser fliegt bei Sturm sogar.

Segelt man aus einem Wellental den nächsten Kamm hinauf, erscheint der Wellenberg gewaltiger, als er tatsächlich ist. Deshalb sind Schätzungen von Seegangshöhen auch mit Vorsicht zu genießen. Oft sind die Wellenhöhen nur halb so groß wie die Schätzungen! Da jede Yacht, ob groß oder klein, nach der Überquerung eines Wellenkammes zunächst bergab segelt, erscheint der nächste Wellenberg aufgrund der fehlenden Bezugsebene gefährlich hoch.

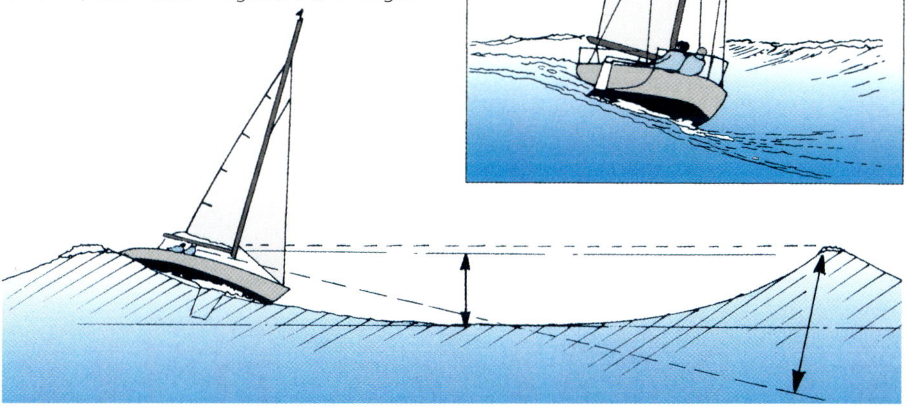

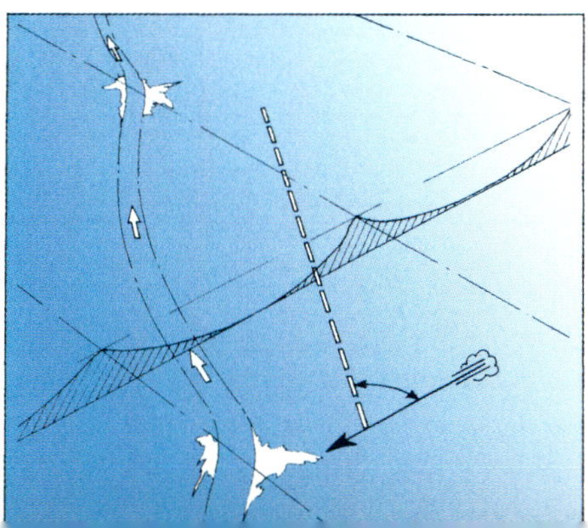

Der Kurs auf der Kreuz gegen gleichmäßig anrollende Wellenberge ist eine Schlangenlinie. Während der scheinbare Wind in den Wellentälern raumend einfallen sollte, damit das Boot Geschwindigkeit aufnehmen kann, sollte er auf dem Wellenkamm den optimalen spitzen Winkel haben. So besteht kaum Gefahr, von einer brechenden Welle breitseits erfasst und quergeschlagen zu werden.

Manöver im Sturm

1 Bei sehr viel Wind wird das Kreuzen gegen den Wind unmöglich, dann hilft nur noch, mit kleinster Segelfläche vor dem Wind abzulaufen. Besonders kritisch wird es, wenn eine brechende Welle von achtern unter dem Schiff hindurchzieht. Der Rudergänger muss dann besonders aufmerksam steuern, um ein Querschlagen des Bootes, das schwere Schäden und Wassereinbruch zur Folge haben kann, zu verhindern.

1

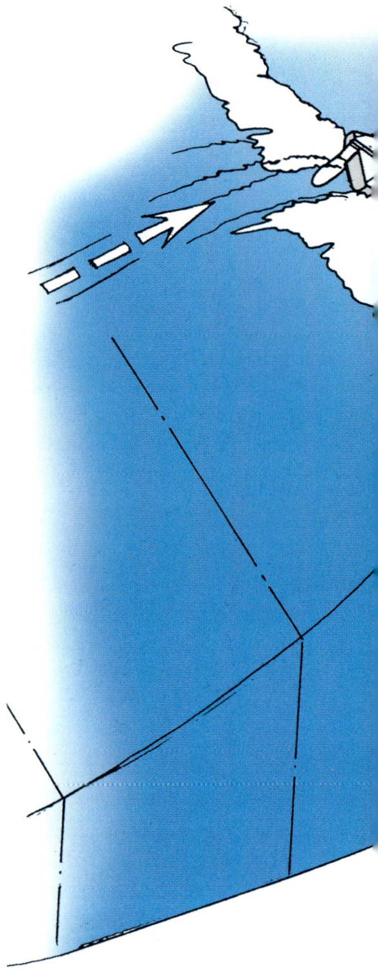

2

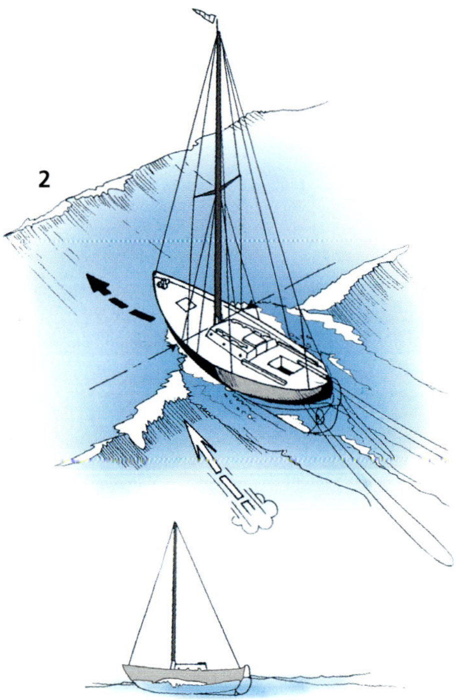

2 In einem ausgewachsenen Sturm gilt es, die Geschwindigkeit durchs Wasser nicht so hoch werden zu lassen, dass das Boot nicht mehr kontrollierbar ist. Führt allein der Winddruck auf die nackte Takelage zu kritischem Verhalten, sollten zwei lange, möglichst dicke und schwere Leinen in Buchten über das Heck ausgebracht werden, um die Geschwindigkeit herabzusetzen.

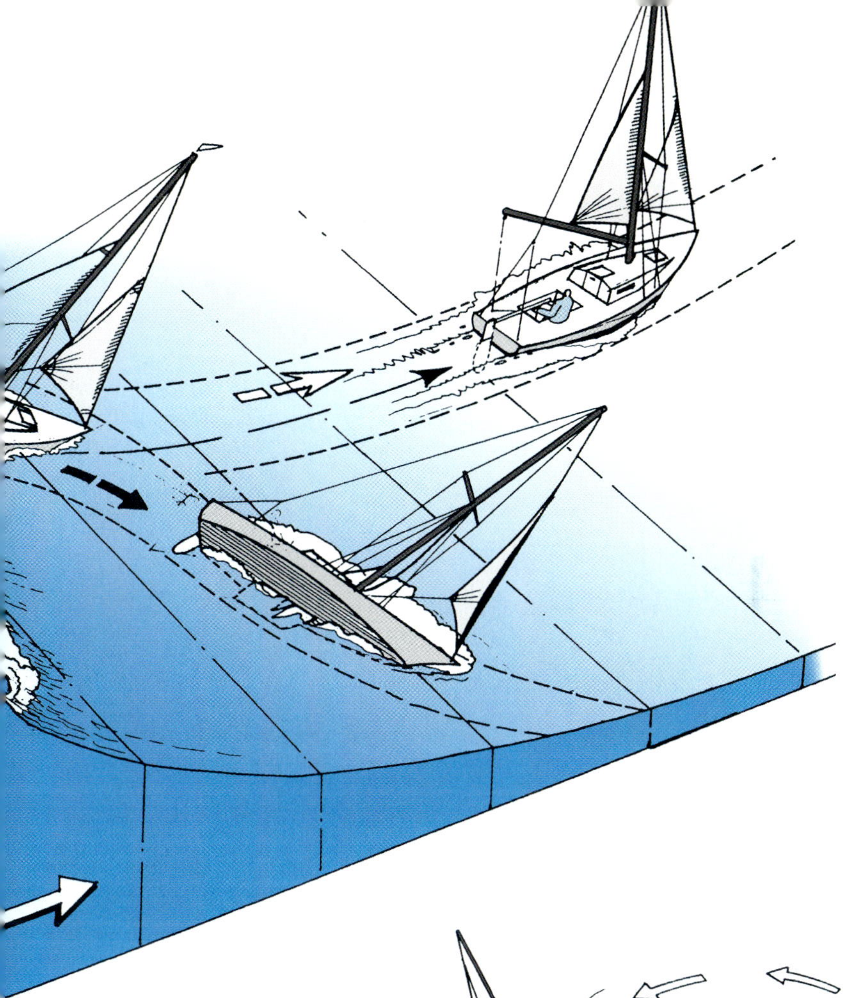

3 Manchmal kann es im Sturm und hohen Seegang unmöglich sein, eine normale Wende selbst unter Sturmfock zu fahren. Eine Halse ist dann das relativ einfachere und sicherere Manöver. Damit die kleine Sturmfock das Rigg nicht über Gebühr belastet, muss die neue Schot vor der Halse bereits stramm durchgesetzt werden, damit das Segel nicht schlagen kann.

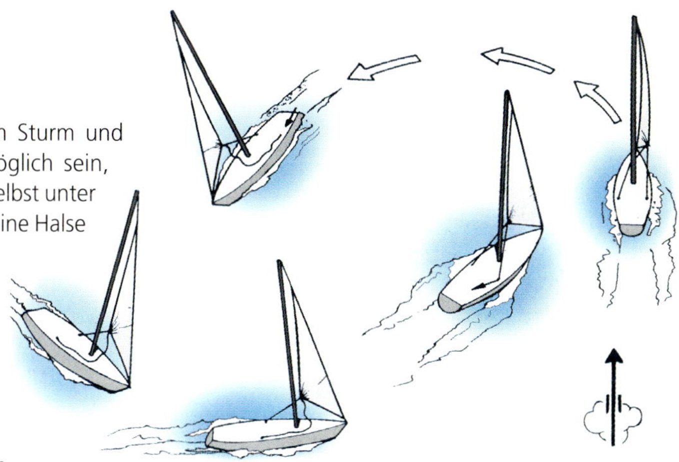

3

4

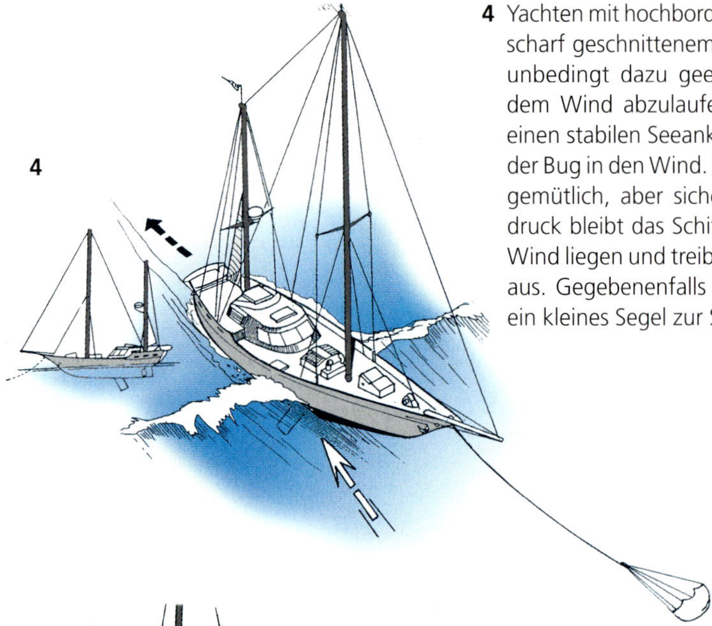

4 Yachten mit hochbordigem Achterdeck und scharf geschnittenem Vorsteven sind nicht unbedingt dazu geeignet, im Sturm vor dem Wind abzulaufen. Legt man sie vor einen stabilen Seeanker (Treibanker), dreht der Bug in den Wind. So liegt man zwar ungemütlich, aber sicher. Durch den Winddruck bleibt das Schiff mit dem Steven im Wind liegen und treibt nur langsam achteraus. Gegebenenfalls kann man am Besan ein kleines Segel zur Stabilisierung setzen.

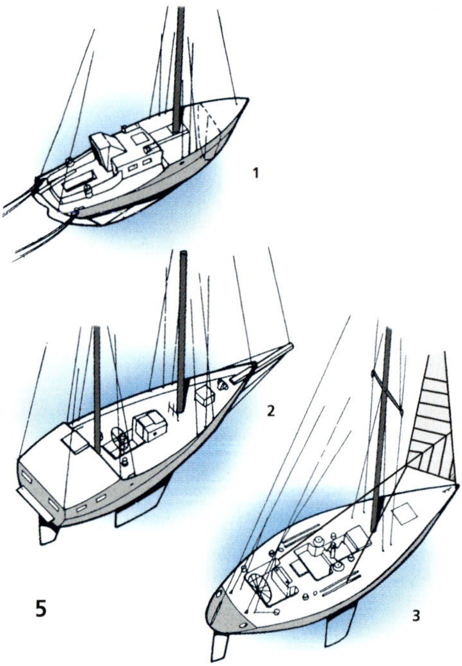

5

5 In vielen Stürmen haben sich die klassischen Langkieler mit Spitzgatt- oder Yachtheck bestens bewährt. Wegen der besonderen Kursstabilität sind sie vor allem für das Ablaufen vor dem Wind hervorragend geeignet (**1**). Moderne Fahrtenyachten mit kurzem, geteiltem Lateralplan und hohem Achterdeck laufen nicht stabil und sicher vor dem Wind ab. Je nach Schiffstyp muss man entscheiden, ob das Ausbringen eines Treibankers nicht sicherer für Schiff und Crew ist (**2**). Moderne Rennyachten, die mit voller und austrainierter Crew gesegelt werden, können auch bei viel Wind auf allen Kursen segeln. In einem Sturm allerdings ist das Ablaufen vor dem Wind unter Sturmfock die sicherste Methode (**3**).

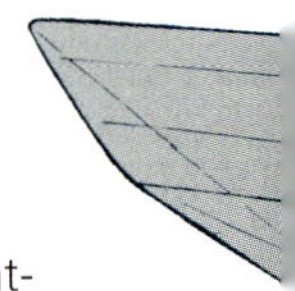

6 Muss man in einem Sturm unter Sturmfock kreuzen, weil zum Beispiel nach Lee nicht genug Seeraum vorhanden ist, muss der Rudergänger das Schiff kurz vor dem Durchqueren eines Wellenkammes bis fast in den Wind anluven, um der See einen möglichst geringen Widerstand zu bieten. Auf dem Kamm muss sofort und deutlich abgefallen werden, damit das Boot nicht querschlagen kann. Im Wellental wird so die Geschwindigkeit erhöht, damit man den nächsten Wellenberg schnell hinauf- und den Kamm durchsegeln kann.

6

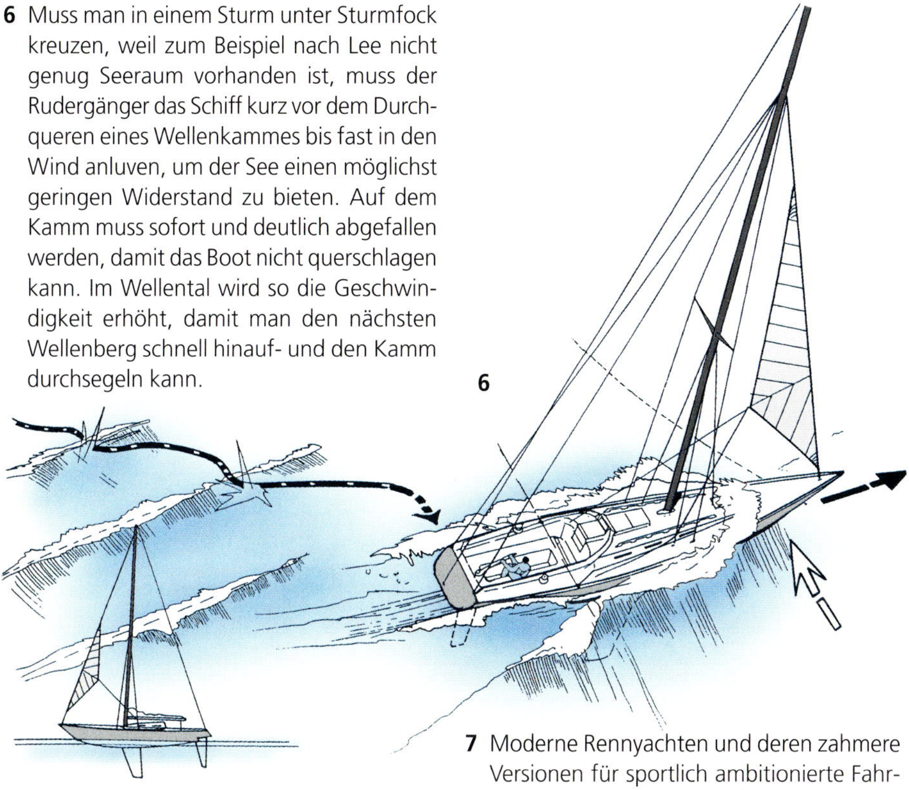

7

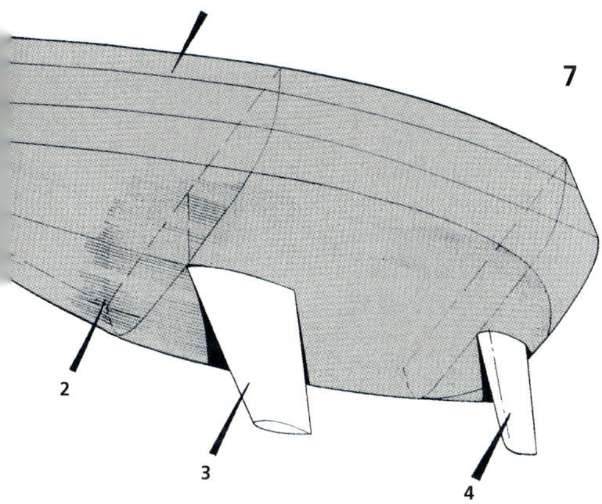

7 Moderne Rennyachten und deren zahmere Versionen für sportlich ambitionierte Fahrtensegler sind im Grunde für das Segeln in schwerem Wetter aus folgenden Gründen nicht sonderlich geeignet: **1** Der Freibord ist niedrig, das Schiff nimmt extrem viel Wasser über. **2** Das Unterwasserschiff ist sehr flach ausgebildet, an der Kreuz wird der Rumpf beim Einsetzen in eine See extrem belastet. **3** Der schmale, tief gehende Kiel ist zwar sehr effizient, die Kursstabilität allerdings ist nur gering. **4** Das ebenfalls schmale, vorbalancierte Ruder muss mit allerhöchster Aufmerksamkeit bedient werden. Nur ein Steuermann mit großer Erfahrung kann das Aus-dem-Ruder-Laufen verhindern – und selbst den besten passiert es ab und zu.

Tipps und Tricks

Spitze Spinnakerkurse in böigem Wetter erfordern die volle Konzentration der gesamten Crew. Wenn der Wind von vorlicher als querab einfällt, ein Spinnaker und eventuell sogar noch ein Stagsegel gesetzt sind, wird der Steuermann nicht nur körperlich stark beansprucht, sondern er muss auch immer voll konzentriert bei der Sache sein. Vor allem in einer frischen, böigen Brise ist es schwer, schnell geradeaus zu segeln. Dann nämlich müssen der Spinnakerfahrer und der Großschotmann den Mann am Rohr unterstützen.

1 Die Crew auf der Kante erkennt das Herannahen einer Bö an der dunkleren Färbung des Wassers in Luv und teilt dies dem Steuermann mit. Die Großschot wird mit Eintreffen der Bö leicht gefiert – das bringt Speed und lässt das Boot nicht zu stark krängen.

2 Die Bö wird stärker. Von der Kante aus fiert jemand den Baumniederholer, um den Druck aus dem Großsegel zu nehmen. Wenn das Segel leicht killt, macht das gar nichts.

3 Nimmt die Bö weiter zu, muss die Schot des Stagsegels gefiert werden. Auch dies geschieht von der Kante aus.

4 Der Steuermann merkt (fast) immer rechtzeitig, wenn das Boot aus dem Ruder zu laufen droht. Der Mann an der Spinnakerschot muss dann schnell fieren, notfalls sogar so weit, dass der Spinnaker nicht mehr zieht. Das kostet weniger als ein »Sonnenschuss«, allerdings muss der Mann an der Schotwinsch nach der Bö schnell und kraftvoll kurbeln, um die Schot wieder dichtzusetzen.

Die so genannten »Panik-Backstagen« sind eine unschätzbare Hilfe in einem Sturm und bei sehr starkem Seegang, vor allem in einer Halse. Sie werden unterhalb der unteren Salinge am Mast befestigt und zunächst mit Klebeband an den Mast gelascht. Erst unter Sturmbedingungen werden kurze, stark untersetzte Taljen in die Augen an den Enden der nicht zu dünnen Drähte eingeschäkelt. Die starken Schnappschäkel werden bei Bedarf in eigens dafür montierte Decksaugen, die möglichst weit hinter dem Mast sitzen sollen, eingepickt. Da Regattayachten nur ein Paar Unterwanten haben, wird der Mast im unteren Bereich durch die Panik-Backstagen gestützt. Das ist vor allem in einer Halse wichtig, da der Großbaum dann Druck nach vorn auf den Mast ausübt. Die meisten Mastbrüche unter Starkwindbedingungen werden dadurch verursacht.

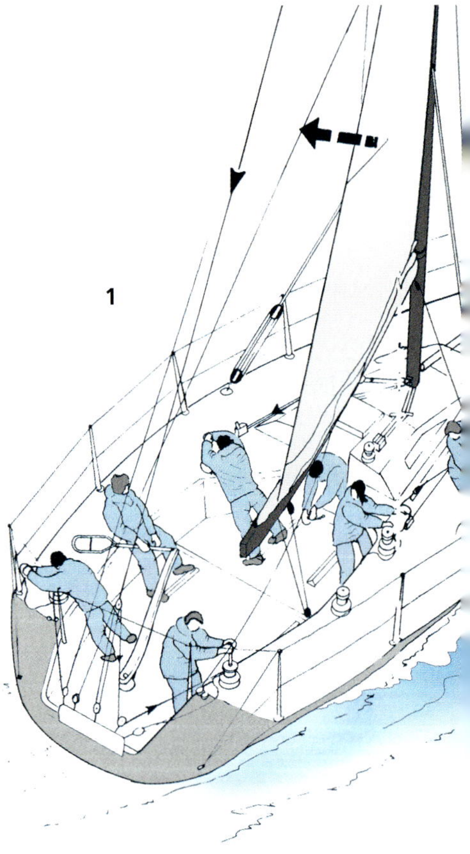

◁ Wenn bei gesetztem Spinnaker das Fall gewechselt werden muss, weil es verdreht oder beschädigt ist, klettert der Vorschiffsmann mit einem anderen Fall (gut gesichert) in den Mast. Er pickt das neue Fall in den Kopf des Spinnakers ein, der Fallenmann im Cockpit holt es anschließend dicht. Dann wird das alte Fall gefiert. Der Mann im Mast pickt es aus und hängt es an das Heißauge des Bootsmannsstuhls. Der Fallenmann fiert beide Fallen (nicht das neue Spifall!) langsam weg, bis der Vorschiffsmann wieder an Deck ist.

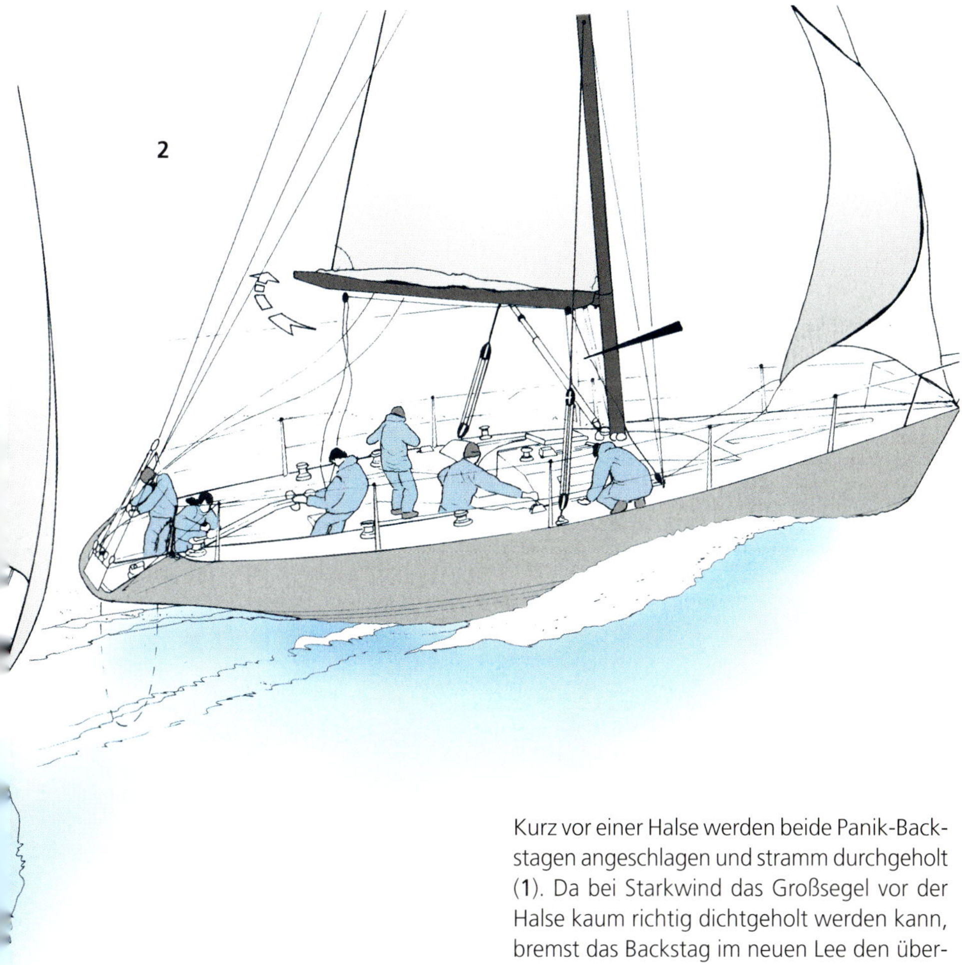

Kurz vor einer Halse werden beide Panik-Backstagen angeschlagen und stramm durchgeholt (**1**). Da bei Starkwind das Großsegel vor der Halse kaum richtig dichtgeholt werden kann, bremst das Backstag im neuen Lee den überkommenden Großbaum (**2**). Nach der Halse können die beiden Hilfstaljen wieder abgenommen werden.

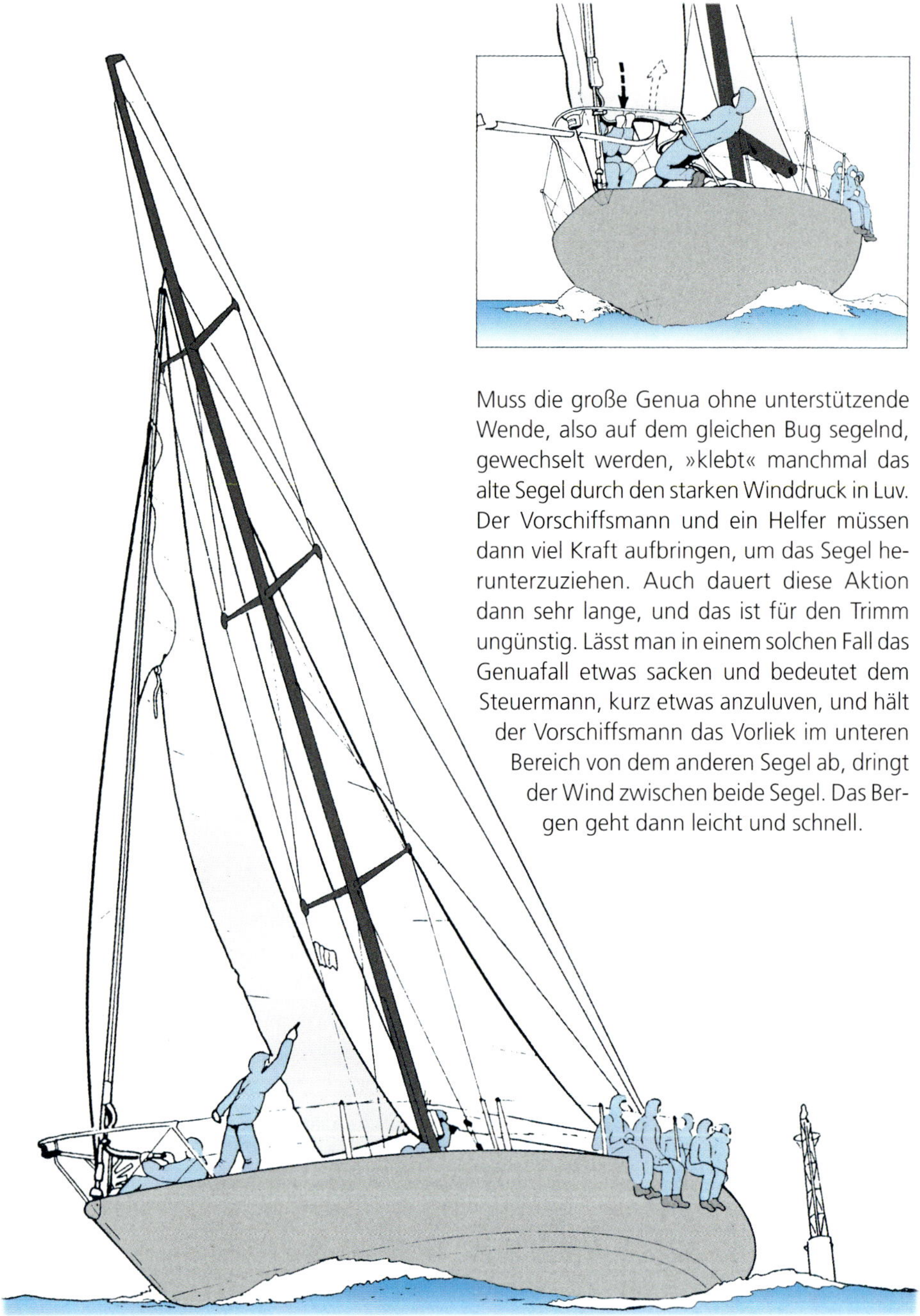

Muss die große Genua ohne unterstützende Wende, also auf dem gleichen Bug segelnd, gewechselt werden, »klebt« manchmal das alte Segel durch den starken Winddruck in Luv. Der Vorschiffsmann und ein Helfer müssen dann viel Kraft aufbringen, um das Segel herunterzuziehen. Auch dauert diese Aktion dann sehr lange, und das ist für den Trimm ungünstig. Lässt man in einem solchen Fall das Genuafall etwas sacken und bedeutet dem Steuermann, kurz etwas anzuluven, und hält der Vorschiffsmann das Vorliek im unteren Bereich von dem anderen Segel ab, dringt der Wind zwischen beide Segel. Das Bergen geht dann leicht und schnell.

Ankern unter Segeln

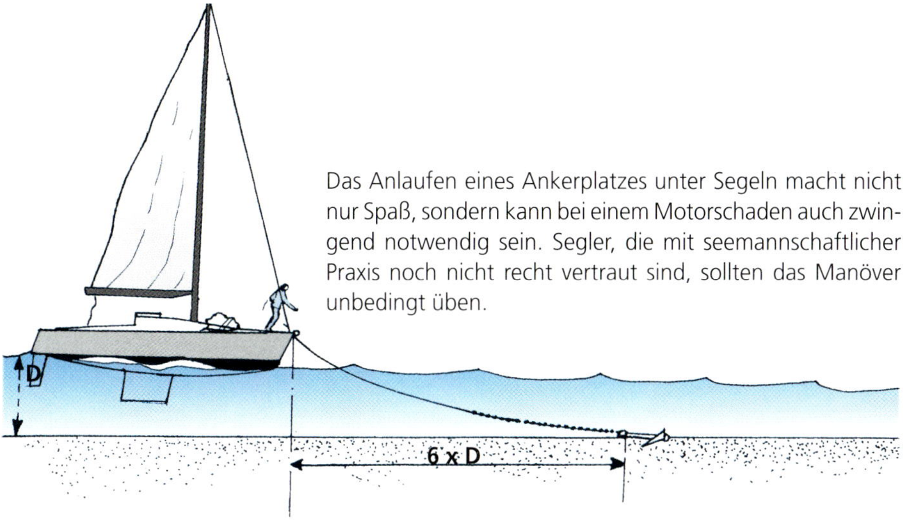

Das Anlaufen eines Ankerplatzes unter Segeln macht nicht nur Spaß, sondern kann bei einem Motorschaden auch zwingend notwendig sein. Segler, die mit seemannschaftlicher Praxis noch nicht recht vertraut sind, sollten das Manöver unbedingt üben.

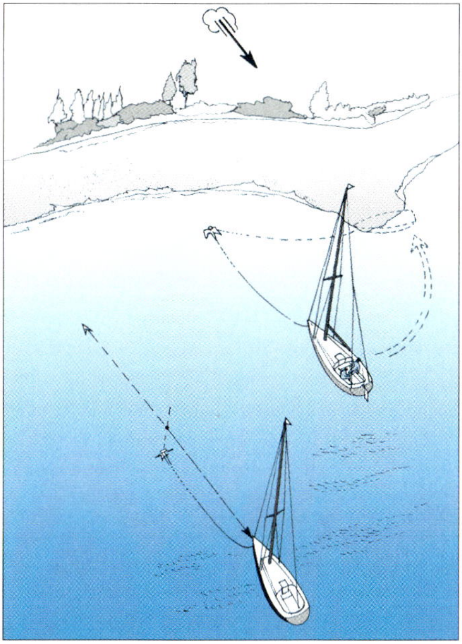

Eine Bucht voller ankernder Yachten anzulaufen, um selbst einen guten, geschützten Platz zu finden, ist schon unter Maschine nicht immer ganz einfach. Will man unter Segeln ankern, einfach aus Spaß oder auch weil die Maschine nicht gestartet werden kann, muss das Manöver sorgfältig vorbereitet werden, denn oft hat man nur einen Versuch. Wichtig ist ein gutes Auge für die richtige Stelle, damit die im Wind schwojende Yacht anderen ebenfalls schwojenden Booten nicht zu nahe kommen kann. Eine Faustregel besagt, dass die Kettenlänge etwa das Sechsfache der Wassertiefe betragen sollte, damit der Anker sicher hält. Anhand der Seekarte sind die Verhältnisse »auszuloten«.

An einem windigen Tag liegt der beste Ankerplatz möglichst dicht unter Land. Wichtig ist genügend Raum zum Schwojen.

In Gebieten mit unbeständigen Winden sollte einkalkuliert werden, dass die Yacht 360 Grad um den Anker schwojen kann.

Kurz bevor der Ankerplatz erreicht wird, sollte das Vorsegel geborgen werden. Am einfachsten geht das Bergen platt vor dem Wind oder hoch am Wind segelnd. Das Fall darf nicht schneller gefiert werden, als der Vorschiffsmann das Segel an Deck nehmen kann (links). Das Vorsegel muss anschließend abgeschlagen werden, damit das Deck für das Ankermanöver frei ist. Dazu wird das Segel mit den Knien gehalten. Anschließend wird es mit Zeisingen oder Gummis gesichert und sollte unter Deck oder in der Nähe des Mastes so gestaut werden, dass es das Manöver nicht behindert, aber auch nicht vom Wind über Bord geweht werden kann (unten).

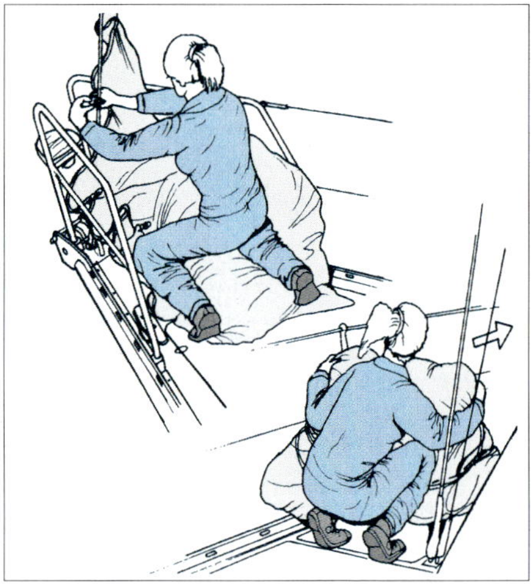

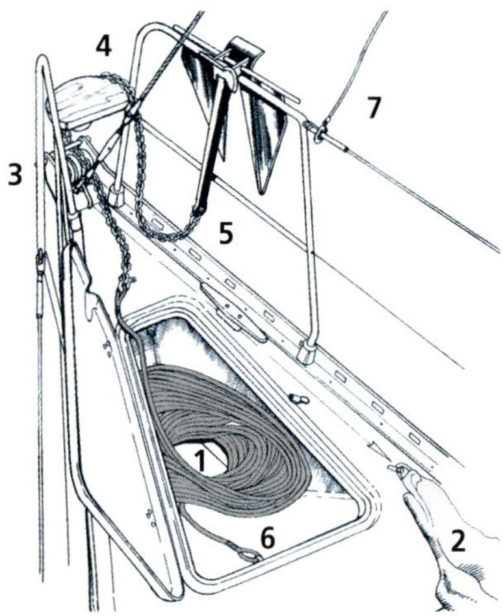

Das Ankermanöver an Bord einer kleinen Yacht ist vorbereitet:

1 Die Ankerleine im Ankerkasten ist sauber aufgeschossen.

2 Das Vorsegel ist außerhalb des Arbeitsbereiches gestaut.

3 Der Kettenvorlauf ist über die Ankerrolle, aber unterhalb des Sicherungsstiftes geführt.

4 Die Kette liegt innerhalb des Bugkorbes.

5 Dieser Ankertyp hängt über dem Bugkorb. Andere Typen müssen an Deck gelegt werden.

6 Das Ende der Ankerleine muss sicher am Boot befestigt sein.

7 Das Vorsegelfall ist an der Seereling eingepickt.

Der Rudergänger segelt nur mit dem Großsegel langsam auf den Ankerplatz zu. Mit gefierter Schot lässt er die Yacht aufschießen. Steht das Boot, gibt er das Kommando »Fallen Anker«. Die Vordeckscrew hat unbedingt darauf zu achten, dass sie nicht in einer Bucht der Leine steht.

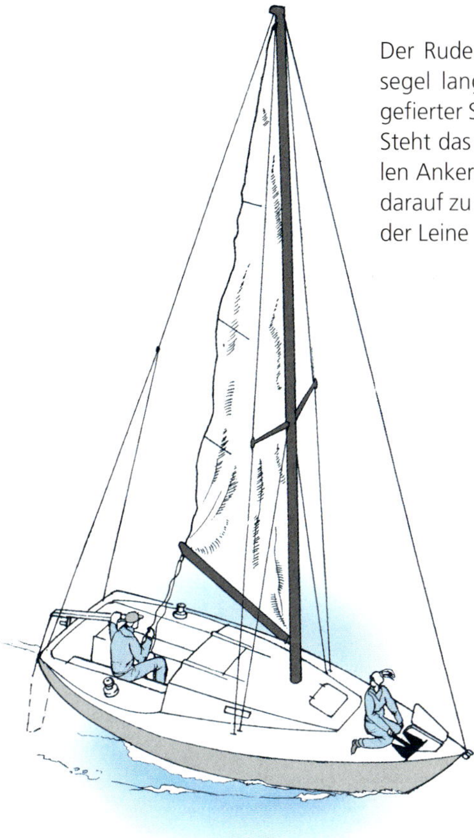

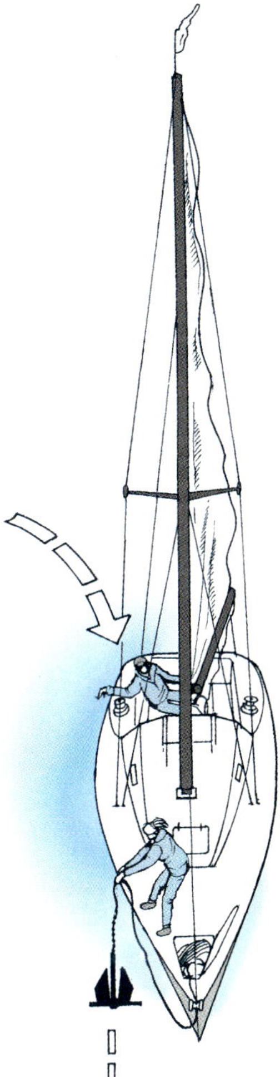

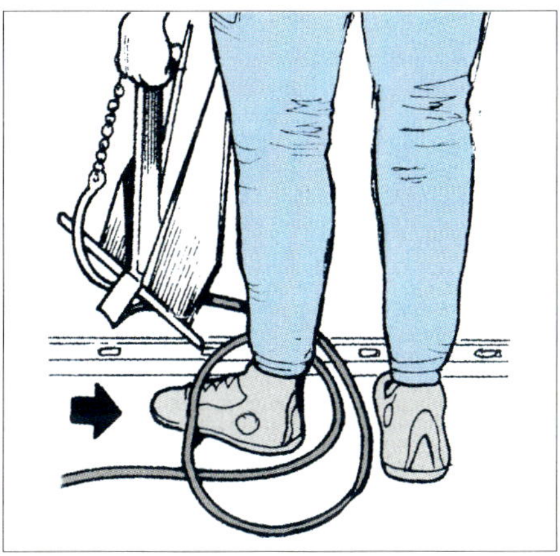

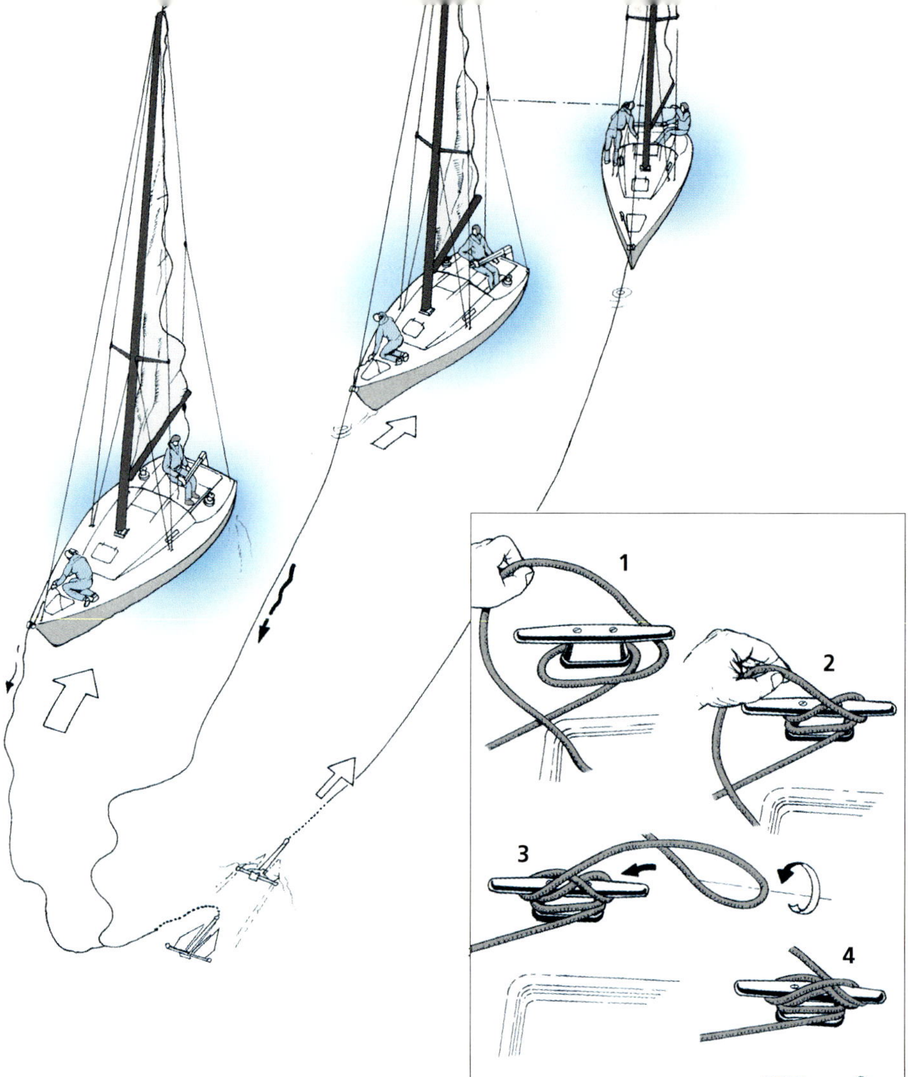

Die Vordeckscrew lässt den Anker auf Kommando fallen und fiert die Leine so schnell mit, wie die Yacht achteraus treibt. Sobald die notwendige Leinenlänge gesteckt ist, muss sie sicher auf einer durchgebolzten Klampe belegt werden. Die Yacht wird dann weiter achteraus treiben, bis die Ankerleine steif kommt und sich der Anker in den Grund gräbt. Zur Sicherheit sollten einige Landpeilungen genommen werden um zu prüfen, ob der Anker tatsächlich hält.

So wird die Ankerleine richtig belegt:

1 Zunächst wird ein Rundtörn um die Klampe gelegt.
2 Die Leine wird über Kreuz geführt und
3 mit einem Kopfschlag so belegt, dass
4 die unteren Parten parallel zueinander liegen.

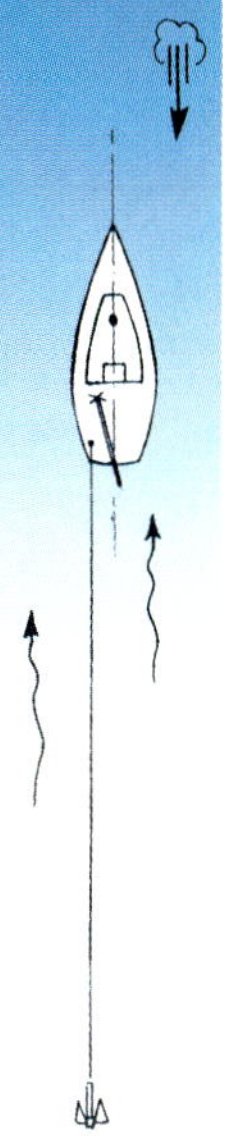

Steht ein starker Strom gegen einen schwachen Wind, sollte man einen Heckanker ausbringen. Der Anker muss nach achtern getragen werden, die Leine läuft dabei innerhalb der Seereling. Der Steuermann stellt die Yacht gegen den Wind. Sobald die Geschwindigkeit durchs Wasser gegen Null geht, muss das Ruder so gelegt werden, als ob das Boot rückwärts segelt. Sobald es nur vom Strom vorwärts bewegt wird, muss der Anker fallen und die notwendige Leinenlänge gesteckt werden. Anschließend ist das Großsegel zu bergen. Eine Yacht vor Heckanker schwojt meist nur wenig.

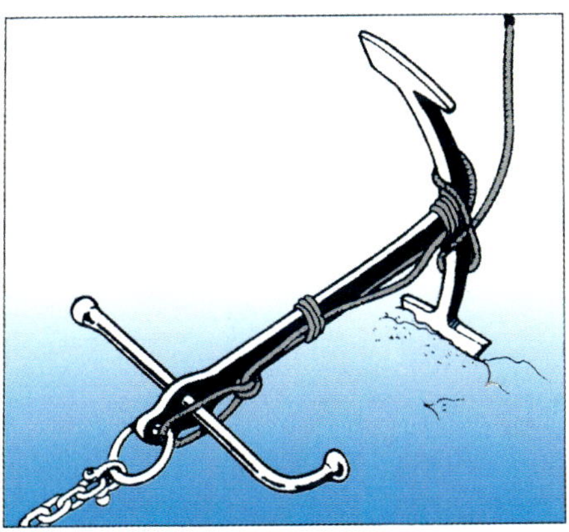

Ankert man auf felsigem Boden, sollte eine Markierungsboje, etwa ein Fender, an den Anker gebunden werden, damit er sicher wieder an Bord genommen werden kann (oben). So wie links gezeigt wird die Bojenleine an einem Stockanker befestigt.

Ankeraufgehen unter Segeln

Einen Ankerplatz unter Segeln zu verlassen kann zu einem lebenswichtigen Manöver werden, wenn der Wind gedreht hat und die Yacht vor einer Leeküste liegt. Deshalb sollte das Ankeraufgehen in jedem Fall zu den geübten Routinemanövern gehören; jeder Handgriff muss auch bei Nacht sitzen.

Das Ankern in einer ruhigen, gut geschützten Bucht gehört zu den schönsten Erlebnissen, die mit einer Segelyacht möglich sind. Ein verantwortungsvoller Skipper aber wird nie eine ungestörte Nachtruhe pflegen können, denn zu schnell kann der vermeintlich sichere Liegeplatz zu einer Gefahr werden. Der Skipper muss damit rechnen, dass der Wind dreht und auffrischt, sodass die Yacht auf Legerwall liegt. Durch zunehmenden Wind und Schwell besteht die Gefahr, dass der Anker aus dem Grund gebrochen wird und das Schiff auf die nahe Küste treibt. Jede Yacht, vor allem kleinere, die oftmals keine Maschine besitzen, sollte deshalb immer für ein schnelles Anker-auf-Manöver vorbereitet sein.

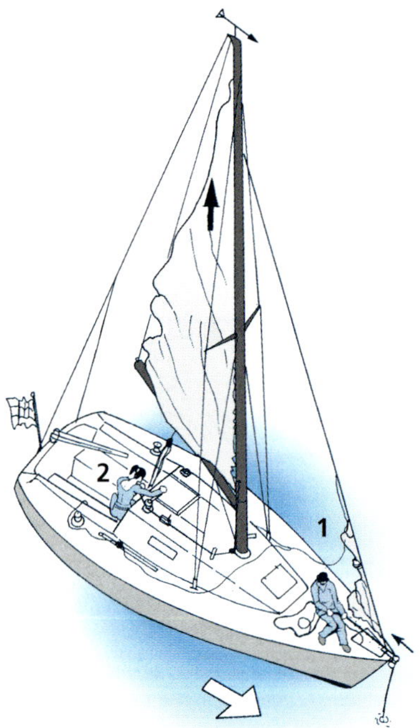

Mit dem Kommando »Anker auf« beginnt das Manöver.

1 Während der Kräftigste an Bord mit dem Einholen der Ankerleine beginnt, wird

2 das Großsegel vorgeheißt, nachdem die Schot gelöst wurde.

3 Das Großsegel wird so getrimmt, dass das Boot langsam in Fahrt kommt und den Vorschiffsmann

4 beim Einholen der Ankerleine unterstützt. Der Steuermann muss versuchen, in Richtung des Ankers zu segeln, bis der aus dem Grund bricht.

5 Sobald der Anker über Grund hängt, fällt der Steuermann ab und fiert

6 die Großschot auf, um etwas mehr Geschwindigkeit zu erreichen.

7 Der Anker wird mit allem Geschirr an Deck geholt. Dann setzt

8 der Vordecksmann das Vorsegel,

9 sobald der Steuermann einen Kurs hoch am Wind steuert. In der Wende

10 wird das Vorsegelfall durchgesetzt, das Boot segelt

11 frei von der Leeküste. Liegt das Ankergeschirr noch an Deck, wird es jetzt in Ruhe gereinigt und klar zum erneuten Ankern verstaut.

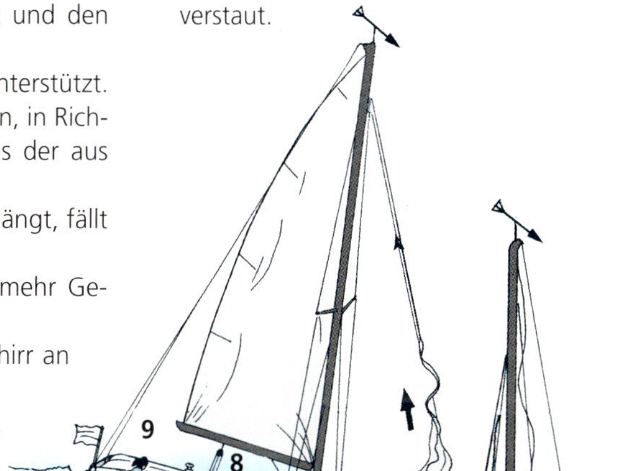

Das Boot ist klar, ankerauf zu gehen:

1 Die Dirk ist durchgesetzt,

2 die Großschot ist aufgeschossen und belegt,

3 das Großfall ist klar zum Vorheißen,

4 das Ruder wird mittschiffs festgesetzt,

5 die Genuaschoten liegen bereit.

6 Yachten ohne Rollgenua können das Vorsegel so vorbereiten, dass das Einholen des Ankers nicht behindert wird.

7 Die Ankerleine ist klar zum Holen.

Mit etwas Übung kann die Ankerleine mit einem Fuß in den Ankerkasten geschoben werden (links unten), ohne dass sie sich vertörnt. Der Anker selbst wird darauf gestaut.

Will man mit einer größeren Yacht bei starkem Wind ohne Motorhilfe ankerauf gehen, sollte

1 zunächst das Großsegel gerefft werden. Das Ausschütten des Reffs ist immer einfacher als das Einstecken unterwegs.

2 Auch wenn der notwendige Kraftaufwand sehr hoch ist, sollte die Ankerleine schnell geholt werden, während das Großsegel gesetzt wird. Damit der Ankerplatz möglichst schnell verlassen werden kann, sollte zusätzlich

3 eine kleine, hoch geschnittene Genua gesetzt werden. Das Boot wird dabei in Richtung des Ankers gesegelt.

4 Die Lose in der Ankerleine muss so schnell wie möglich eingeholt werden, dabei sollte immer ein Törn um eine stabile Klampe liegen.

5 Der Anker wird mit Fahrt voraus aus dem Grund gebrochen. Während dieser Phase dreht das Boot in den Wind und setzt zur Wende an.

6 Das Ankergeschirr wird an Deck geholt, während die Yacht bereits auf dem anderen Bug liegt und Fahrt aufnimmt.

Unter Umständen muss das Großsegel möglichst schnell gesetzt werden.

1 Dazu wird das Fall Hand über Hand vorgeheißt. Je nach Fabrikat kann die Klemme auch geschlossen werden, sodass das Fall nicht sackt.

2 Wenn das Großsegel nicht weiter von Hand vorzuheißen ist, wird das Fall mehrfach um die Winsch gelegt und anschließend

3 auf die notwendige Spannung gekurbelt. Bevor das Fall von der Winsch genommen wird, müssen Klemmen älterer Fabrikation

4 geschlossen werden. Wer oft mit kleiner Crew unterwegs ist, sollte über selbstholende Winschen nachdenken, die gerade in einem solchen Fall sehr hilfreich sind.

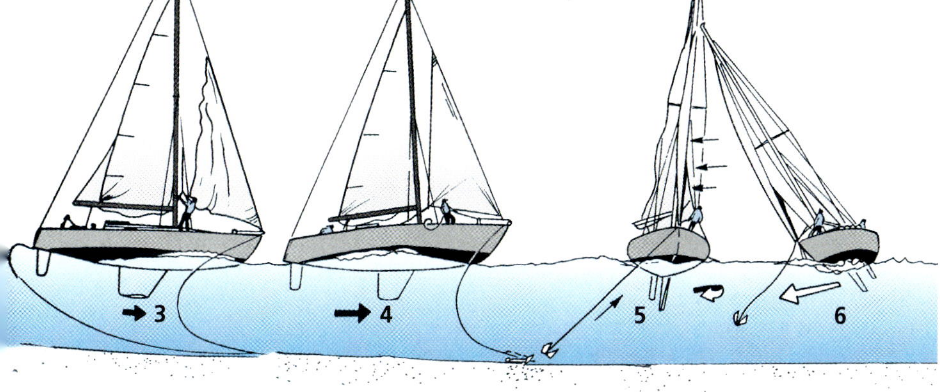

Segeln im Strom

Gezeitenströme treten überall auf der Welt auf, in Europa sind starke Strömungen vor allem an der Westküste und in der Nordsee zu finden. Strömungen können helfen, große Distanzen schnell zu überwinden, aber auch gefährliche Situationen bewirken. Segler mit geringer Erfahrung haben häufig Probleme mit Gezeitenströmen. Wir wollen zeigen, wie man Strömungen erkennt und vor allem, wie man sie nutzt.

Wer in Gewässern segeln will, die von gezeitenabhängigen Strömungen beeinflusst werden, sollte sich zunächst mit entsprechenden Unterlagen versorgen. Tidenkalender und Gezeitenatlanten enthalten alle Daten über Hoch- und Niedrigwasserzeiten, über Stärke und Richtung von Strömungen sowie über die Höhe der Tiden. Spezielle Karten, die es für jede Stunde vor und nach Hochwasser an einem bestimmten Ort gibt, stellen die wichtigsten Informationen grafisch dar.

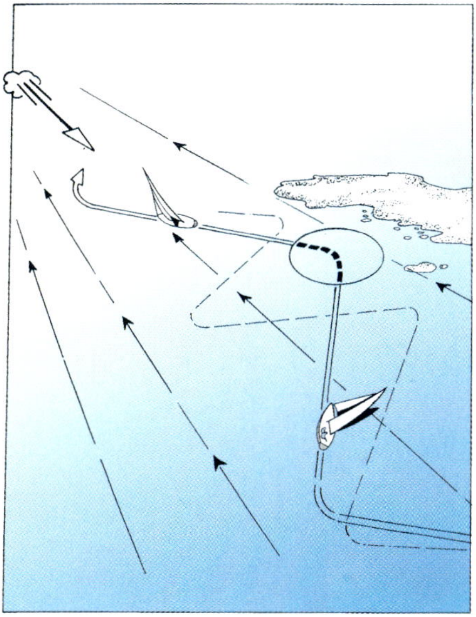

An jeder Tonne lassen sich Richtung und Stärke des Stroms ablesen. Normalerweise krängt eine Tonne in die Richtung, in die der Strom setzt. Das Kielwasser der Tonne zeigt seine Stärke an. Mit einiger Erfahrung lassen sich die Stromwerte recht genau abschätzen. Mithilfe eines modernen Navigationsgerätes wie Decca, Loran oder GPS, die Kurs und Geschwindigkeit über Grund angeben, können Stärke und Richtung einer Strömung aus der Differenz zu Kurs und Geschwindigkeit durchs Wasser berechnet werden.
Wann immer es möglich ist, sollte die Strömung genutzt werden. Oft setzen Strom und Wind nicht in die gleiche Richtung. Eine ankernde Yacht wird immer in Stromrichtung liegen, sodass bei Windeinfall von der Seite allein mit dem Großsegel ein Aufholmanöver in Richtung des Ankers gesegelt werden kann. Die Geschwindigkeit wird mit der Großschot kontrolliert.

Setzt der Strom gegen die Windrichtung, ist das Kreuzen in oft kurzer, steiler See nicht immer ein Vergnügen. Der schiebende Strom erhöht die Geschwindigkeit nach Luv und damit die scheinbare Windgeschwindigkeit. Der Wendewinkel wird kleiner als sonst (vergleiche die gestrichelte mit der doppelten Linie). Wer zu dicht unter Land kommt, kann in einen Neerstrom geraten. Wenn dann eine Wende nicht klappt, wird's unter Umständen gefährlich.
Das Kreuzen in Landnähe in einem schiebenden Strom vermittelt den Eindruck, sehr schnell zu segeln. Das stimmt auch, allerdings nicht relativ zum umgebenden Wasser, wie das Log zeigen wird. Der schiebende Strom muss bei jeder Wende einkalkuliert werden.

1 Die Yacht segelt hoch am Wind.
2 Eine Wende wird eingeleitet.
3 Das Ruder wird nur wenig gelegt, um während einer langsamen Wende möglichst viel Distanz nach Luv direkt gegen den Wind zu gewinnen. Aber Vorsicht ist geboten.

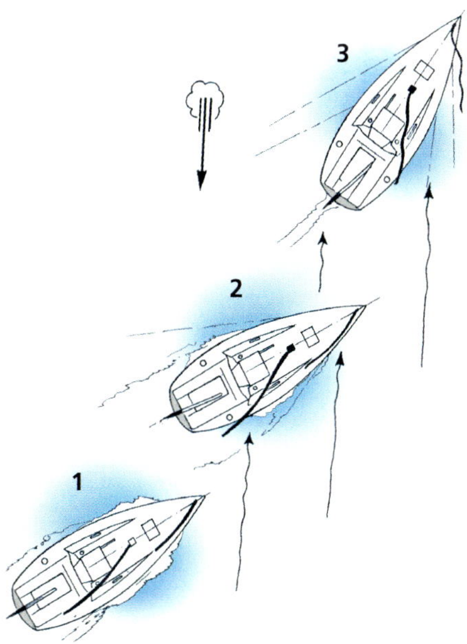

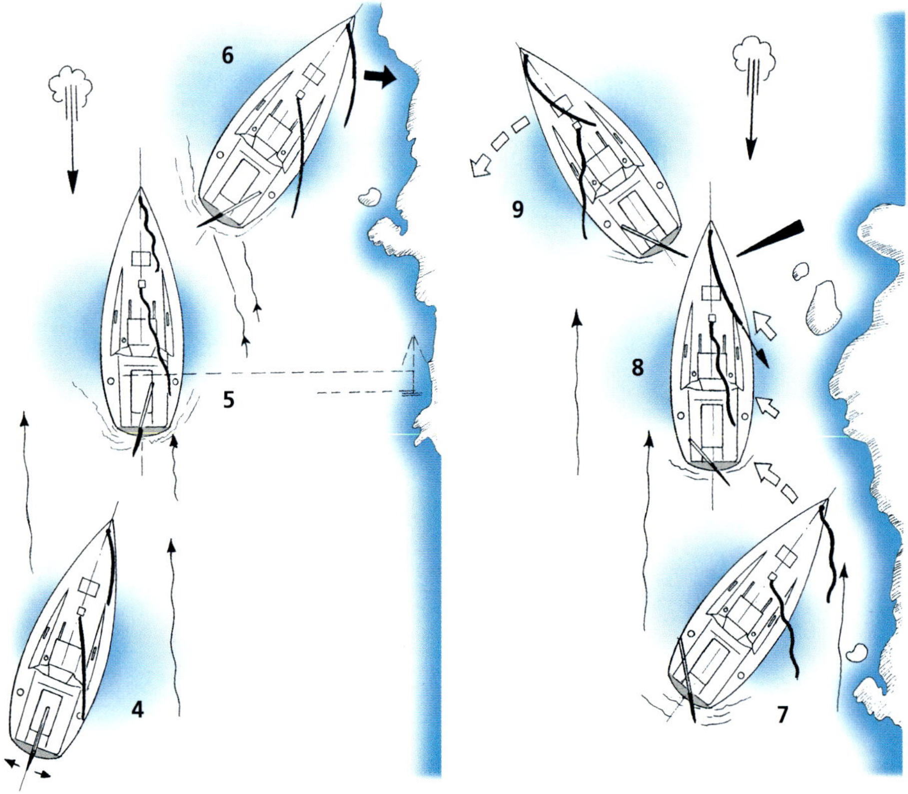

4 Der Rudergänger hat kein Gefühl mehr, da die Geschwindigkeit durchs Wasser fast Null ist.

5 Obwohl Peilungen nach Land anzeigen, dass sich die Yacht vorwärts bewegt, drückt der Wind sie bereits rückwärts durchs Wasser.

6 Das Boot macht jetzt wieder Fahrt voraus durchs Wasser und segelt auf das nahe Land zu.

7 Die einzige Möglichkeit, heil aus dieser Situation herauszukommen, ist das Fieren der Segel und das Legen des Ruders nach der anderen Seite.

8 Sobald wie möglich muss das Vorsegel backgesetzt werden, um mit dem Bug durch den Wind gehen zu können.

9 Mit backgesetztem Vorsegel und noch gelegtem Ruder kommt das Boot mithilfe der Strömung vom Ufer frei.

10 Jetzt wird die Schot gelöst, das Vorsegel auf die richtige Seite genommen und dichtgeholt. Wenn der Rudergänger wieder Druck spürt und die Yacht Fahrt durchs Wasser macht, kann auch das Großsegel wieder dichtgeholt werden.

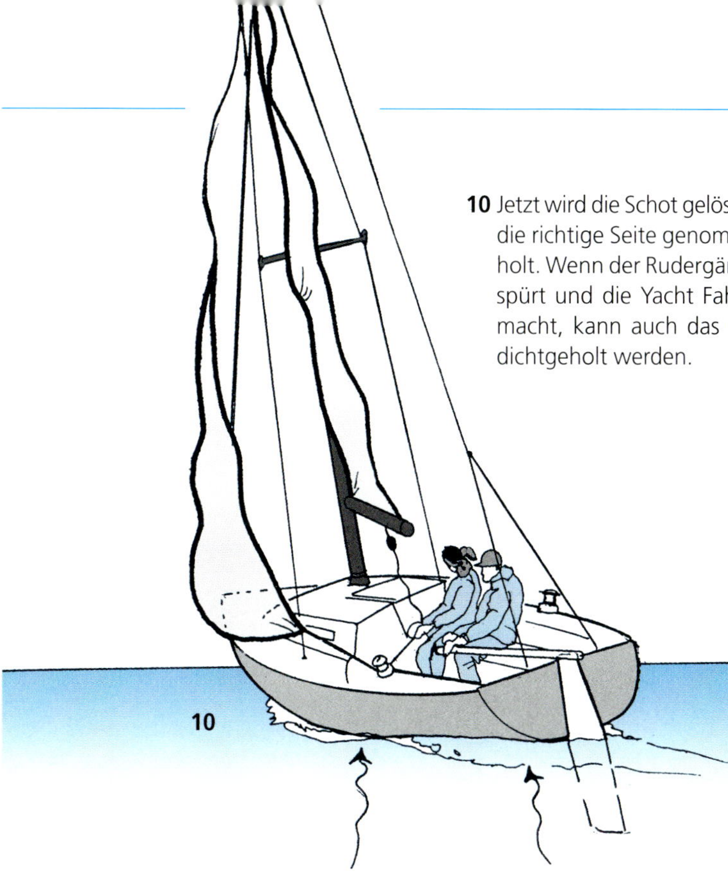

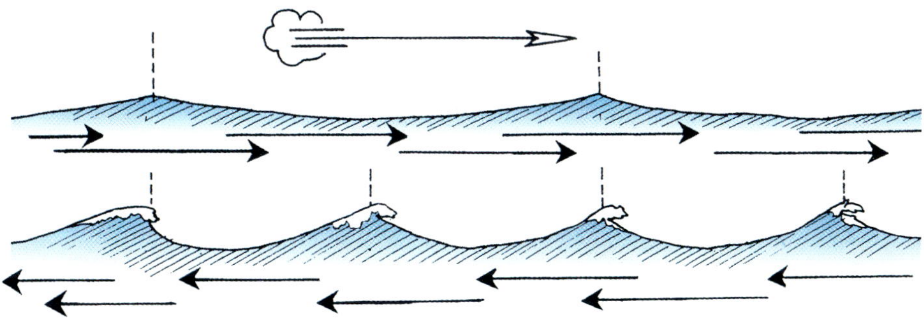

Setzt die Strömung in die gleiche Richtung, in die der Wind weht, entstehen relativ lange und flache Seen. Setzt der Strom gegen die Windrichtung, wird eine unangenehm kurze und steile See erzeugt. Kreuzen gegen den Wind bei Schiebestrom geht zwar schnell, ist aber deutlich ungemütlicher als mit Wind und Strom in die gleiche Richtung. Neerströme sind an einem veränderten Wellenbild meist gut zu erkennen.

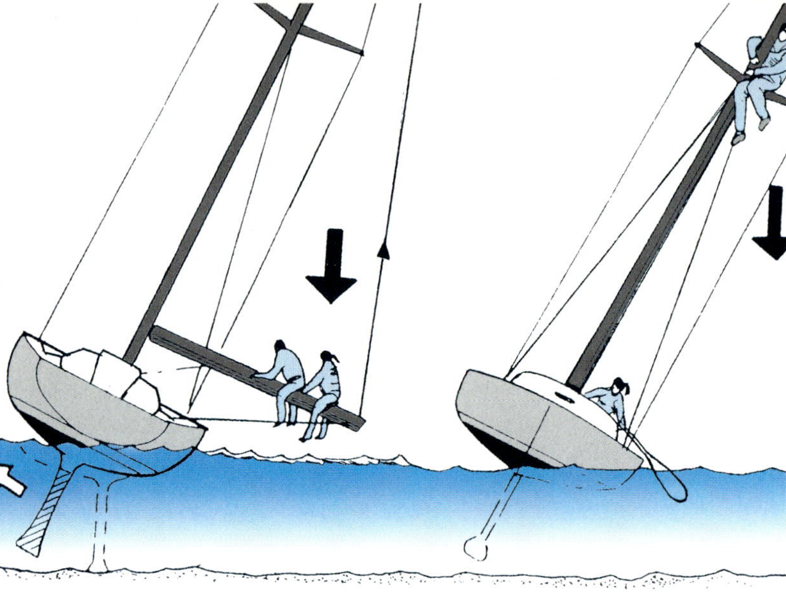
1

Freikommen nach einer Grundberührung

1 Grundsätzlich wird man nach dem Auflaufen versuchen, aus eigener Kraft wieder freizukommen. Dazu muss der Tiefgang des Bootes unbedingt verringert werden. Sind alle Segel geborgen, kann sich ein Teil der Crew auf das Ende des Großbaumes setzen, der dann vorsichtig möglichst weit nach außen geschwenkt wird. Wichtig ist allerdings eine stabile Dirk, damit der Baum in keinem Fall auf das Deck knallen kann. Spätestens dann schwimmt auch die Crew im Wasser. Kommt der Kiel frei vom Grund, muss man versuchen, unter Maschine wieder tieferes Wasser zu erreichen.

Auf kleineren Booten bringt ein Mann im Mast viel zusätzliche Krängung. Wichtig aber ist, dass der Mann mit mindestens einem stabilen Fall vernünftig gesichert ist.

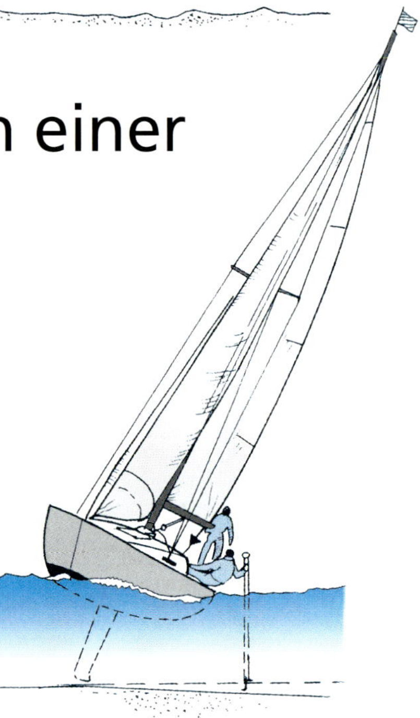
2

2 Liegt der Bereich tieferen Wassers in Lee, kann man mit dichtgehaltenen Segeln und der Mannschaft ebenfalls in Lee versuchen, das Schiff ohne großen Aufwand wieder frei zu bekommen. Häufig hilft kräftiges Abstoßen mit einem Bootshaken.

3 Eine andere Möglichkeit des Freikommens ist mithilfe der Maschine gegeben. Die Pinne wird in einem nicht zu großen Winkel fixiert, die Maschine auf voll voraus geschaltet. Die Crew hängt sich auf der Seite des flachen Wassers in die Wanten und muss durch Schaukeln versuchen, das Boot wieder flott zu bekommen.

3

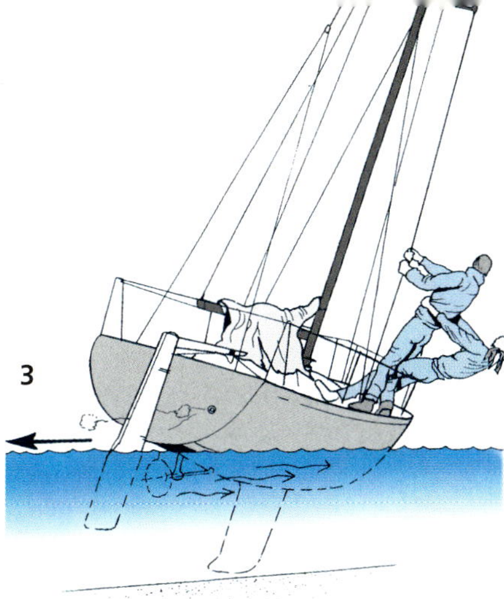

4 Um größere Yachten nach einer regelrechten Strandung aus eigener Kraft frei zu bekommen, hat sich auch die folgende, allerdings aufwändige Methode bewährt: Der schwerste Anker wird möglichst weit in das tiefere Wasser ausgebracht und die Trosse in Höhe des Mastes belegt oder besser über einen stabilen Block auf eine Winsch umgelenkt. Ein Fall wird so weit wie es geht vom Schiff entfernt mit einem Auge an der durchgesetzten Ankertrosse befestigt (**1**), damit ein möglichst großer effektiver Winkel erreicht wird (**2**). Das Fall wird durchgesetzt, bis durch die Krängung der Kiel vom Grund freikommt. Wird dann die Ankerleine geholt, kommt die Yacht allmählich wieder in tieferes Wasser. Da die Krängung beim Einholen der Ankerleine langsam abnimmt, muss das Manöver gegebenenfalls wiederholt werden.

4

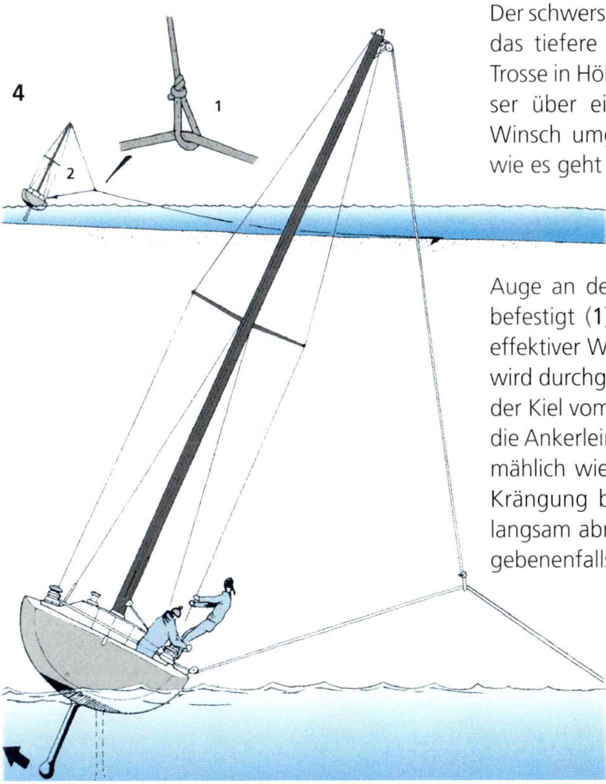

5 Stellt man fest, dass das Boot nur auf einer kleinen Barre aufsitzt, empfiehlt sich das Ausbringen des Ankers nach Luv (**1**). Die Leine wird so weit geholt, bis alle Segel gesetzt werden können (**2**). Durch Backhalten dreht man das Schiff mit dem Bug durch den Wind. Mit dichten Schoten wird eine große Krängung erzeugt (**3**), mit Maschinenhilfe dürfte man dann schnell von der Barre freikommen.

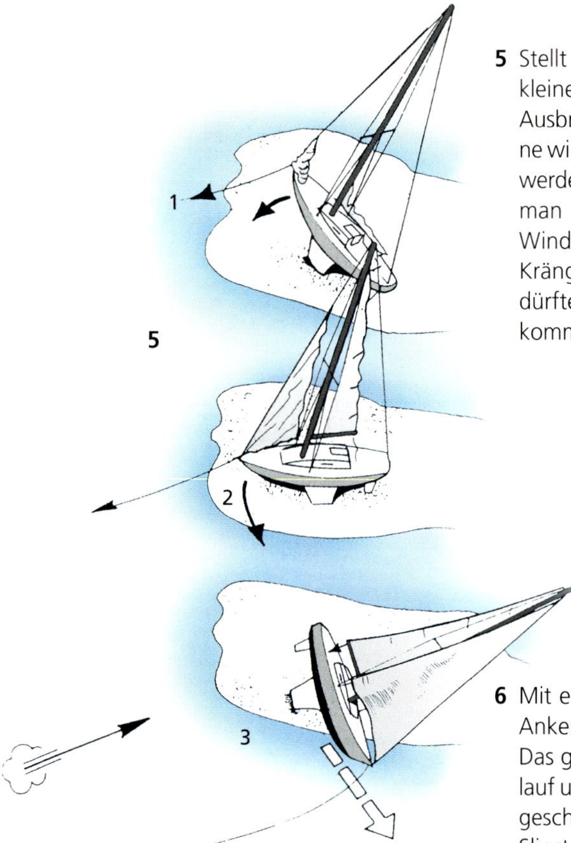

5

6 Mit einem Beiboot ist das Ausbringen des Ankers in tieferes Wasser ein Kinderspiel. Das gesamte Ankergeschirr mit Kettenvorlauf und Leinen wird im Beiboot sauber aufgeschossen, der schwere Anker mit einem Slipstek so festgemacht, dass er nach dem Lösen des Knotens von allein auf den Grund fällt. Dann bringt man das Ende der Leine an Bord.

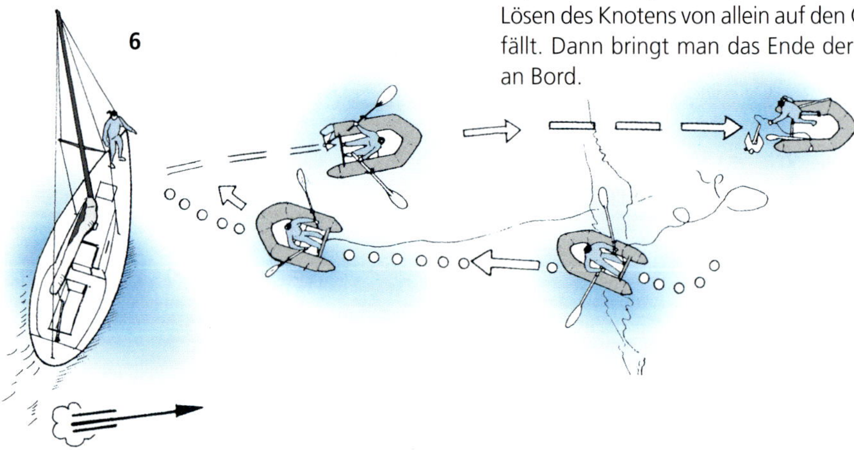

6

Freikreuzen von Legerwall

Eine Leeküste bedeutet grundsätzlich eine Gefahr für Mannschaft und Boot. Man sollte alles unternehmen, um sich erst gar nicht in eine solch kritische Situation zu begeben. Natürlich lässt sich das nicht immer verhindern. Das Freikreuzen von einer Leeküste muss mutig, aber beherrscht in Angriff genommen werden, vor allem wenn es weht. Wichtig ist, dass das Boot ausreichend besegelt ist, um möglichst viel Raum nach Luv gewinnen und die Abdrift aussegeln zu können.

1

2

1 Wer zum Beispiel nicht rechtzeitig refft und das Großsegel deshalb nicht richtig trimmen kann, muss mit einer enormen Abdrift rechnen.

2 Die Schoten werden aus Angst vor der drohenden Küste und wegen zu starker Krängung immer wieder gefiert, sodass das Schiff kaum Fahrt durchs Wasser macht. Die Wende geht dann leicht daneben, das Schiff driftet schnell auf die Klippen.

3 Auf dieser Grafik wird deutlich, mit welchen Chancen sich vier völlig unterschiedliche Yachten bei viel Wind von einer Leeküste freikreuzen können: Der Kielschwerter (oben) kann nur 20 % seiner normalen Segelfläche tragen und kreuzt, einschließlich der Abdrift, in einem Winkel von nur 80 Grad zum Wind. Die Geschwindigkeit nach Luv, also in Sicherheit beträgt nur 0,4 Knoten! Der etwas größere Küstenkreuzer darunter trägt 30 % seiner Segelfläche, läuft eine wahre Höhe von 65 Grad und mit 1,5 Knoten nach Luv. Der deutlich größere Seekreuzer kann rund 40 % seiner Normalsegelfläche tragen, 50 Grad an den Wind gehen und immerhin mit drei Knoten nach Luv entkommen. Die Maxi-Rennyacht (unten) geht mit immerhin 60 % der möglichen Segelfläche ausgezeichnete 37 Grad an den Wind und läuft mit 5,8 Knoten nach Luv. Diese Rennyachten haben eine komplette, trainierte Crew an Bord und gehen oft dicht unter Land (auch vor einer Leeküste), um günstigere Wind- und Strömungsbedingungen zu finden. Fahrtensegler sollten sich daran kein Beispiel nehmen!

3

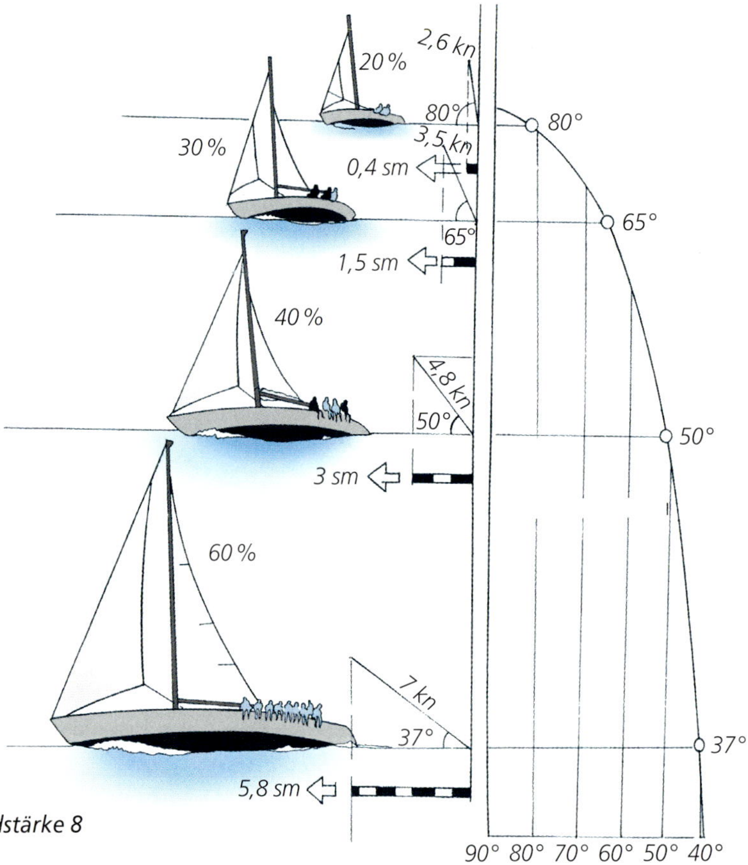

Windstärke 8

4 Beim Freikreuzen von einer Leeküste bei viel Wind ist richtiger Segeltrimm unter Umständen lebenswichtig: Das Achterstag (**1**) wird geholt, damit sich der Masttopp nach achtern biegt und das Achterliek des Großsegels öffnet. Der Traveller (**2**) wird aus dem gleichen Grund so weit wie möglich nach Lee gefahren. Das Großsegel ist gerefft (**3**). Die kleine Fock (**4**) muss unbedingt im richtigen Winkel geschotet werden, damit sie einwandfrei zieht. Mit sparsamen Ruderbewegungen wird die Yacht auf Kurs gehalten (**5**). In einer Wende darf nicht zu stark Ruder gelegt werden, um das Boot nicht zu bremsen. Der Windeinfallswinkel (**6**) soll nicht zu klein sein, das Schiff muss gute Fahrt voraus machen. Stellt man das Boot ab und zu in den Wind, um Höhe zu kneifen, verringert sich sofort die Geschwindigkeit.

4

5

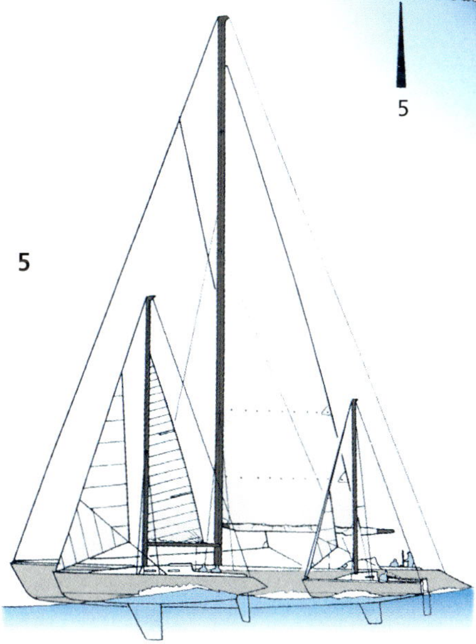

5 An diesem Vergleich wird deutlich, wie unterschiedlich das Segeltragevermögen verschieden großer Yachten bei Starkwind ist: Während das kleine Kielboot nur noch die Sturmfock tragen kann, läuft der größere Seekreuzer noch gut unter gerefftem Großsegel und kleiner Fock. Der rund 24 Meter lange, toppgetakelte Maxi segelt noch leicht mit einem Reff im Großsegel und der Genua II.

Segeln ohne Ruder

1 Das Ruder ist abgebrochen, verschwunden auf Nimmerwiedersehen. Allein auf hoher See muss sich die Crew irgendwie helfen. Viele gut getrimmte Yachten laufen, vor allem auf Amwindkursen, von allein geradeaus. Auf jedem Boot gibt es eine ganze Reihe von Trimmmöglichkeiten, mit deren Hilfe das Kurshalten ohne Ruderbewegungen erreicht werden kann:

1 Das Kurshaltevermögen moderner leichter Yachten wird durch Gewichtsverteilung enorm beeinflusst.

2 Mit Großschot und Traveller wird der Druck des Großsegels und damit die Luv- beziehungsweise Leegierigkeit der Yacht reguliert.

3 Mit dem Baumniederholer kann ebenfalls die Form des Großsegels und damit das Verhalten des Bootes beeinflusst werden.

4 Das verstellbare Achterstag öffnet dichtgeholt das Großsegel und verringert die Luvgierigkeit. Fiert man es, schließt sich das Achterliek und mehr Druck wird erzeugt.

5 Die Einstellung des Vorsegels ist ebenfalls wichtig, will man das ruderlose Boot auf einem halbwegs geraden Kurs halten.

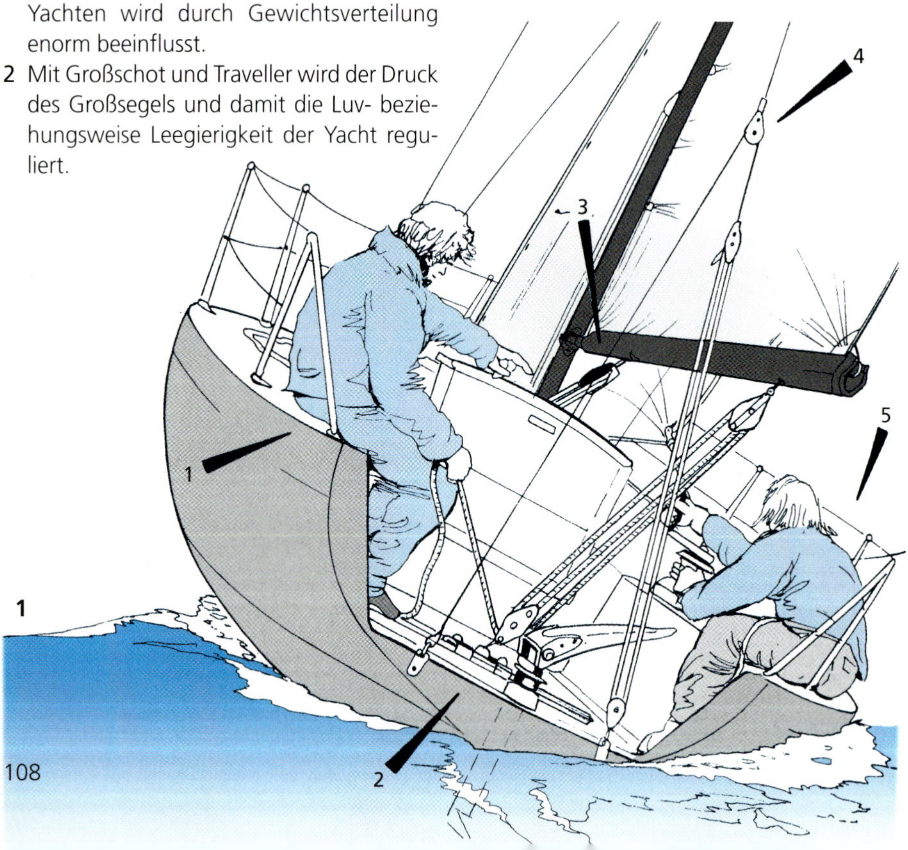

1

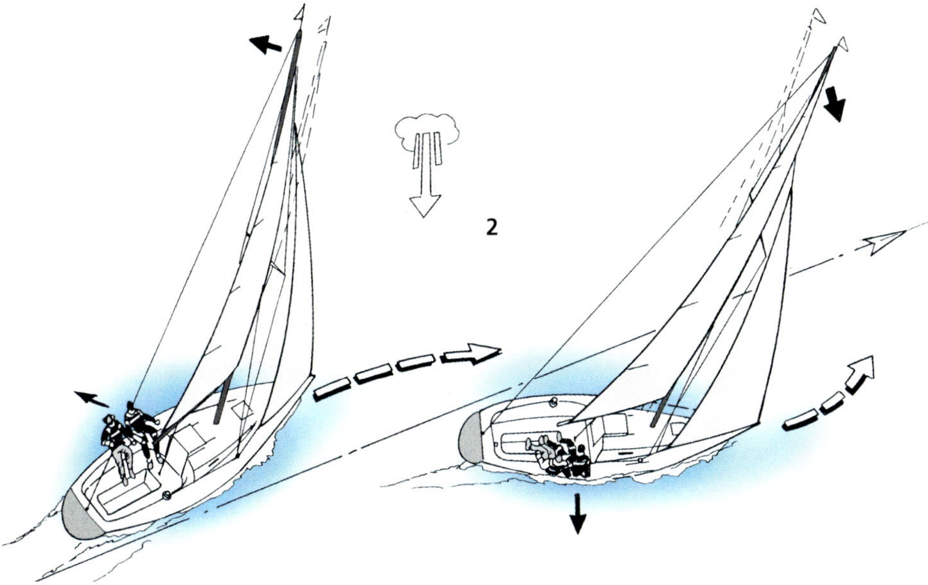

2

2 Auf einer kleinen, gut ausgetrimmten Yacht bewirkt die Verlagerung des Crewgewichtes einiges – verringert sich die Krängung durch das Gewicht in Luv, fällt das Boot ab. Die Erhöhung der Krängung durch das Crewgewicht in Lee bewirkt ein Anluven der Yacht.

3 + 4 Das gleiche Prinzip funktioniert auch vor dem Wind unter Spinnaker. Eine Krängung nach Luv bedeutet eine Kursänderung nach Luv, das Crewgewicht in Lee ein Abfallen mit der Gefahr einer Halse.

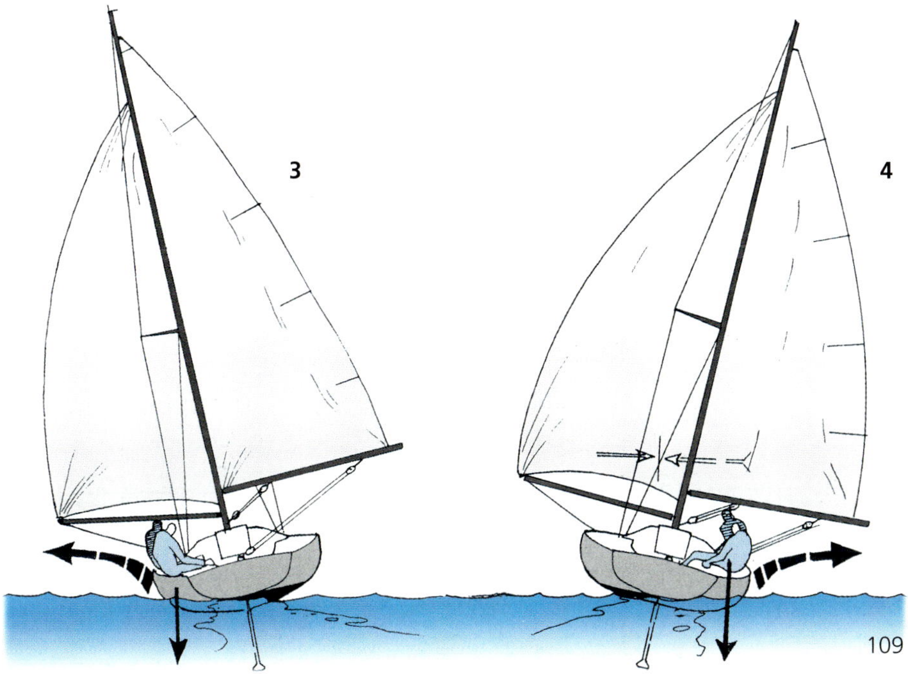

3

4

5 Bei mehr Wind wird ein halbwegs vernünftiger Kurs wohl nur mithilfe des Segeltrimms zu erreichen sein. Das Boot fällt ab, wenn das Großsegel weit genug gefiert wird (**1**) und luvt wieder an, wenn es dichtgeholt wird (**2**).

Schleppen lassen

Um eine Schleppleine an ein anderes Schiff übergeben zu können, muss sie auf See meistens über eine recht große Distanz geworfen werden. Ist nur eine schwere Trosse an Bord, wird eine dünne Sorgleine angesteckt und zunächst diese übergeben. Die Leine wird mit einem Ende an Bord belegt. Einen Teil der sauber aufgeschossenen Buchten nimmt man in die Wurfhand, den anderen Teil mit dem belegten Ende in die andere. Mit starkem Armschwung wird die Leine in einem nicht zu hohen, aber auch nicht zu flachen Bogen geworfen.

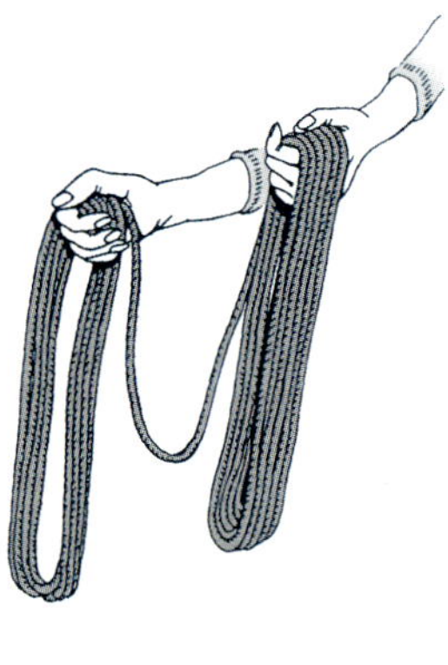

Schleppen von Segelyachten durch die Berufsschifffahrt kommt in der Praxis eigentlich nur auf Flüssen und manchmal im Nord-Ostsee-Kanal vor. Vor dem Herstellen einer Schleppverbindung sollte mit dem Kapitän des Berufsschiffes geklärt werden, mit welcher Geschwindigkeit er mit der Yacht am Haken zu laufen gedenkt – Geschwindigkeiten deutlich über der Rumpfgeschwindigkeit der Yacht sind nicht akzeptabel, da schwere Schäden an den Verbänden entstehen können. Das Berufsschiff wird zunächst mit langsamer Fahrt laufen, sodass sich die Yacht von der Seite etwa mittschiffs dem größeren Schiff nähern kann (**1**). Die Schleppleine wird übergeben (**2**). Während das Ende auf dem Berufsschiff nach achtern gebracht wird, muss die Geschwindigkeit der Yacht leicht gedrosselt werden. Die noch lose Leine darf nicht zu weit durchhängen und möglicherweise der Schraube des Schleppers zu nahe kommen (**3**). Langsam wird die gewünschte Länge der Schleppleine von der Yacht gesteckt. Erst wenn sie richtig belegt ist, gibt man dem Berufskapitän ein Zeichen, damit er auf seine Reisegeschwindigkeit gehen kann (**4**).

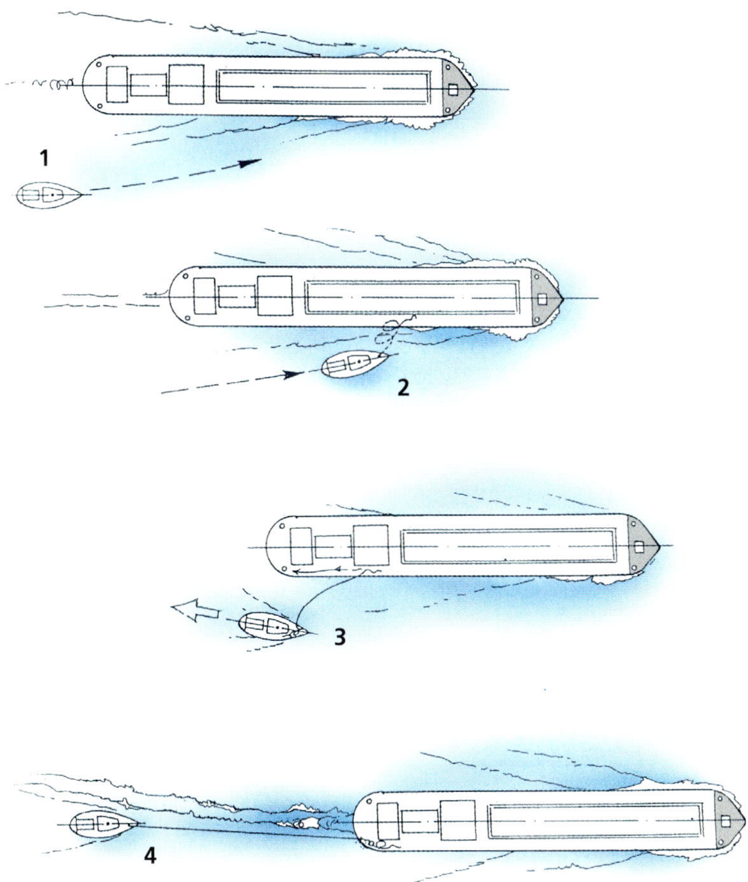

Da eine Verständigung zwischen Schlepper und Yacht per UKW nicht immer möglich und selbst lautes Brüllen wegen des Motorenlärms nicht zu hören ist, sollte man eine einfache Zeichensprache verwenden:

1 Wer aus welchem Grund auch immer geschleppt werden will, stellt sich mit einer wurfbereiten Leine aufs Vorschiff und winkt mit ihr.

2 Sobald die Leine an Bord belegt ist und angeschleppt werden kann, kreuzt man die Arme vor dem Bauch.

3 Kann der Schlepper die Geschwindigkeit erhöhen, macht man mit erhobenem Arm kreisende Bewegungen.

4 Soll der Schlepper seine Geschwindigkeit verringern, bewegt man beide ausgestreckten Arme auf und ab.

5 Das Signal zum Lösen der Schleppleine wird mit angewinkelten Armen gegeben, die auseinander gezogen werden.

6 Ein internationales Signal, das jeder versteht: der senkrechte Daumen bedeutet »Alles klar«.

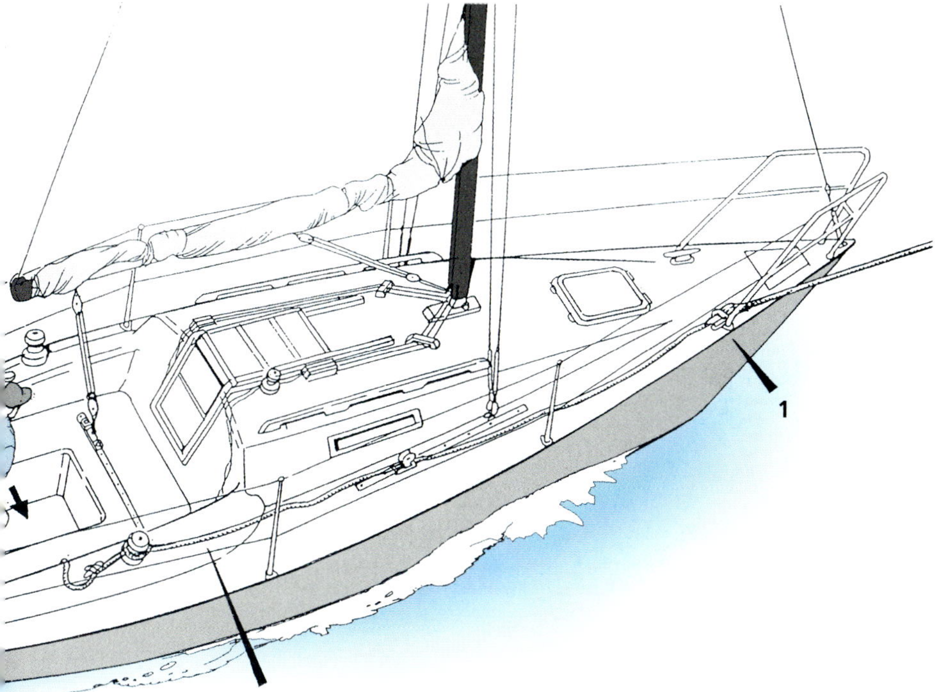

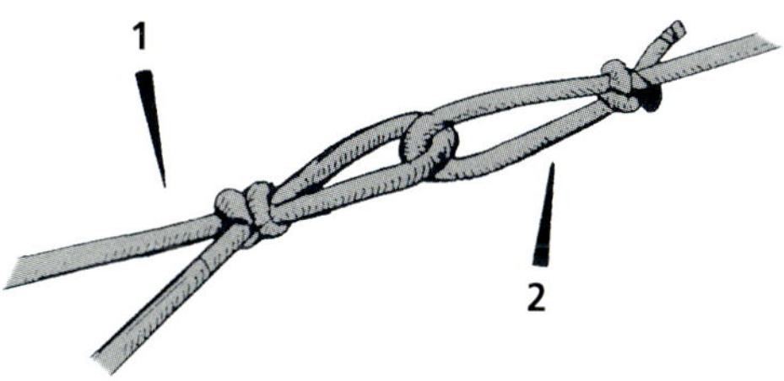

Die Schleppleine wird an Bord der Segelyacht auf einer möglichst starken Klampe belegt (**1**). Das Ende sollte so lang sein, dass es aus Sicherheitsgründen nach achtern geführt und dort ein weiteres Mal festgemacht werden kann (**2**). Der Steuermann muss die Yacht mit nur leichten Ruderausschlägen so steuern, dass die Schleppleine nirgendwo scheuern kann.

Optimal ist eine zweigeteilte Schlepptrosse, die erst vor dem Steven zu einem Auge zusammengeknotet wird (**1**). Die zum Schlepper führende Leine wird mit einem Palstek an das Auge gesteckt (**2**). An den vorderen Klampen wird die Trosse beigebändselt, die dicke Schleppleine muss gegen Schamfielen geschützt werden (**3**).

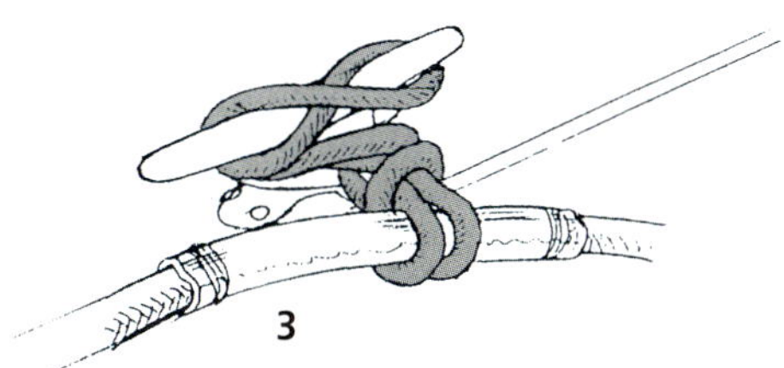

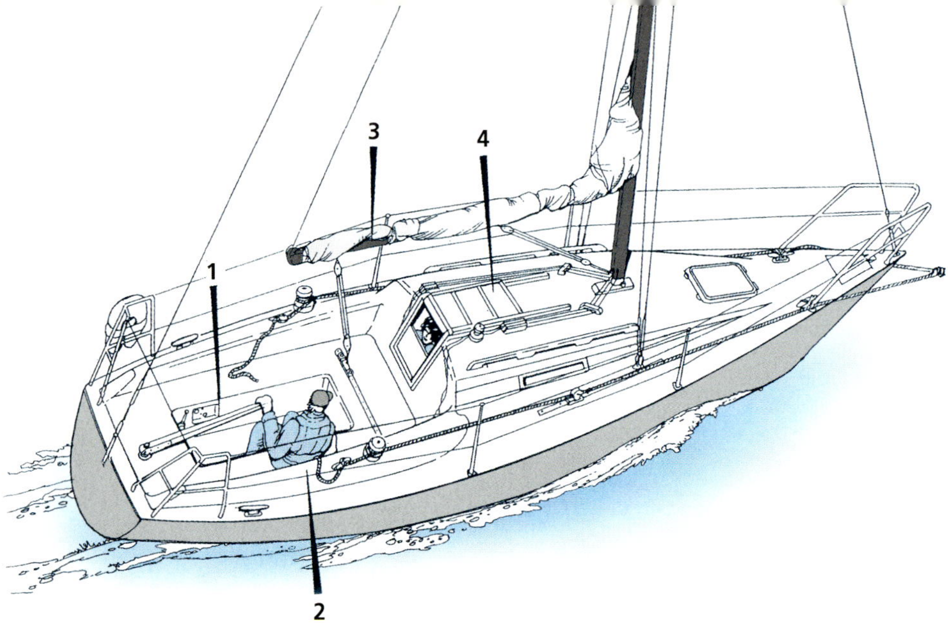

Die Pinne stellt sich durch die Geschwindigkeit von allein in Mittschiffsstellung (**1**). Es sind nur geringe Korrekturen notwendig. Der Steuermann muss sich eine Position suchen, aus der er das schleppende Fahrzeug immer im Blick hat (**2**). Das Großsegel ist sauber aufgetucht, der Baum wird seitlich gezurrt (**3**). Alle Luken und Niedergänge sind zu schließen, da gegebenenfalls Wasser überkommen kann (**4**).

Die Schleppgeschwindigkeit und die Länge der Schleppleine müssen richtig aufeinander abgestimmt sein. Grundsätzlich ist eine lange Leine besser als eine kurze. Optimal ist die Länge, wenn sich beide Fahrzeuge immer gleich zu den Wellenkämmen befinden, also beide zum Beispiel in einem Wellental fahren. Dann bleibt der Druck auf der Leine gering und gleichmäßig.

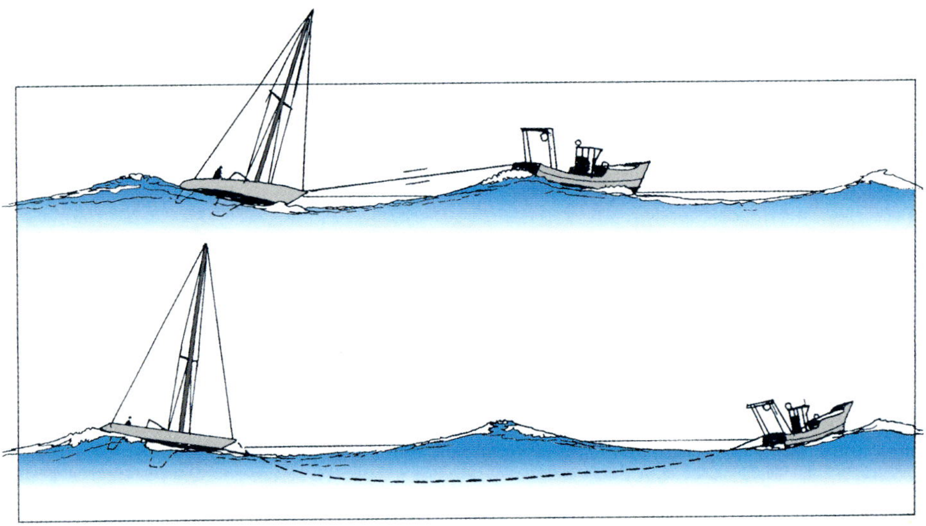

Schleusen

2

1 Wenn man in eine Schleusenkammer einläuft, weiß man nie genau, was einen erwartet. Da das Einlaufen grundsätzlich erst nach Aufforderung durch das Schleusenpersonal gestattet ist, sollte man davon ausgehen können, dass die Berufsschifffahrt festgemacht und ihre Propeller gestoppt hat. Einige Kapitäne aber lassen die Schraube trotzdem langsam mitlaufen, sodass bei gelegtem Ruder eine starke Strömung im Bereich des Achterschiffes auftreten kann. Nicht ungefährlich ist auch der Wind, der durch die geöffneten Tore in die Schleuse gelangt und verstärkt wird. Zusätzlich erzeugt das ein- beziehungsweise ausströmende Wasser zum Teil starke Wirbel, die kleinere Yachten mitreißen können.

2 Yachten, die an der Schleusenmauer festmachen, sollten Vor- und Achterleine grundsätzlich auf Slip legen, sodass sie von Deck aus dem steigenden oder fallenden Wasser angepasst werden können.

1

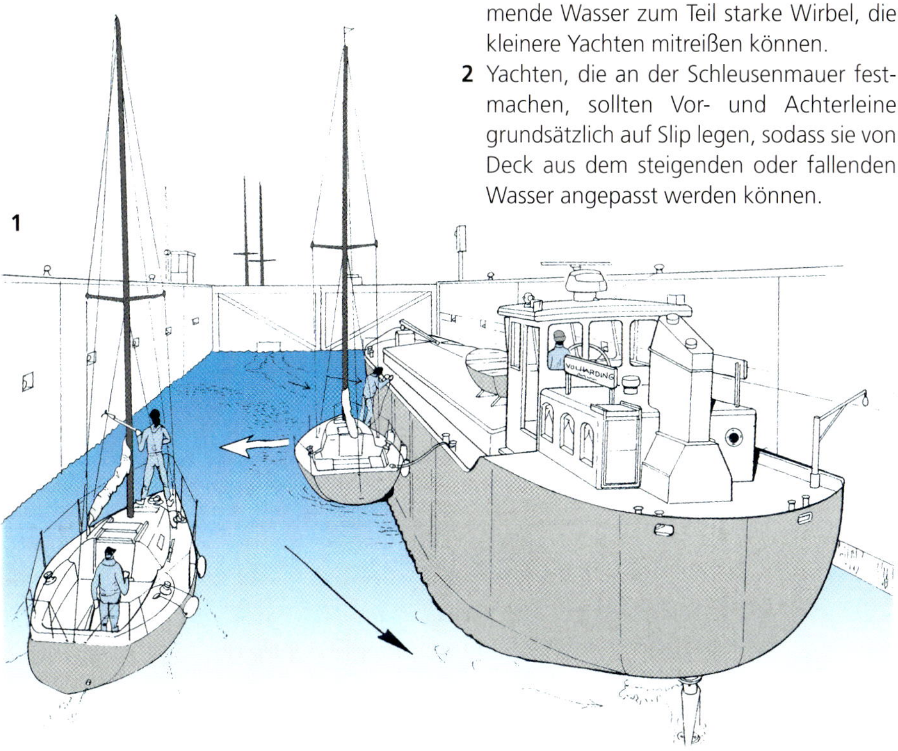

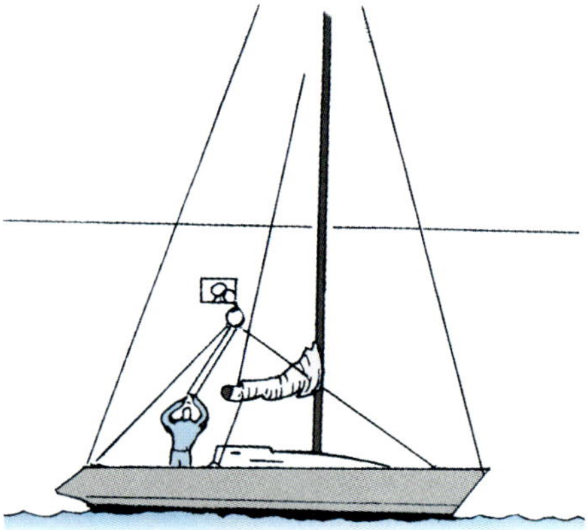

Werden die Leinen durch einen Ring in der Schleusenwand gezogen, können sie von einer Person reguliert werden. Für Boote mit kleiner Crew lohnt sich eventuell die Anfertigung eines solchen Ringes, der dann überall eingesetzt werden kann.

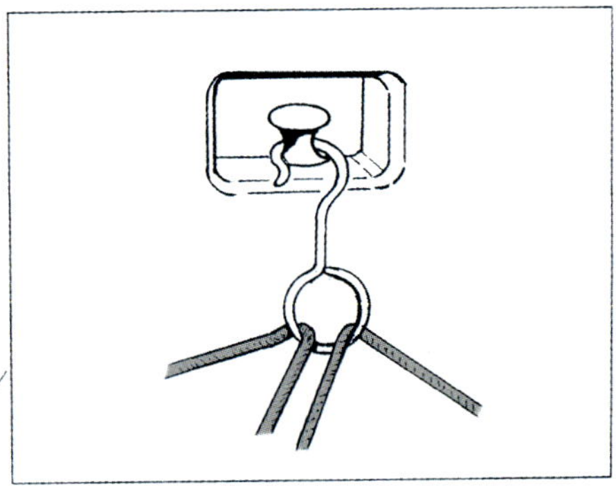

Muss nur ein geringer Wasserstandsunterschied überbrückt werden, geht das Schleusen meist sehr schnell. Dann genügt es, das Boot mit zwei Bootshaken festzuhalten.

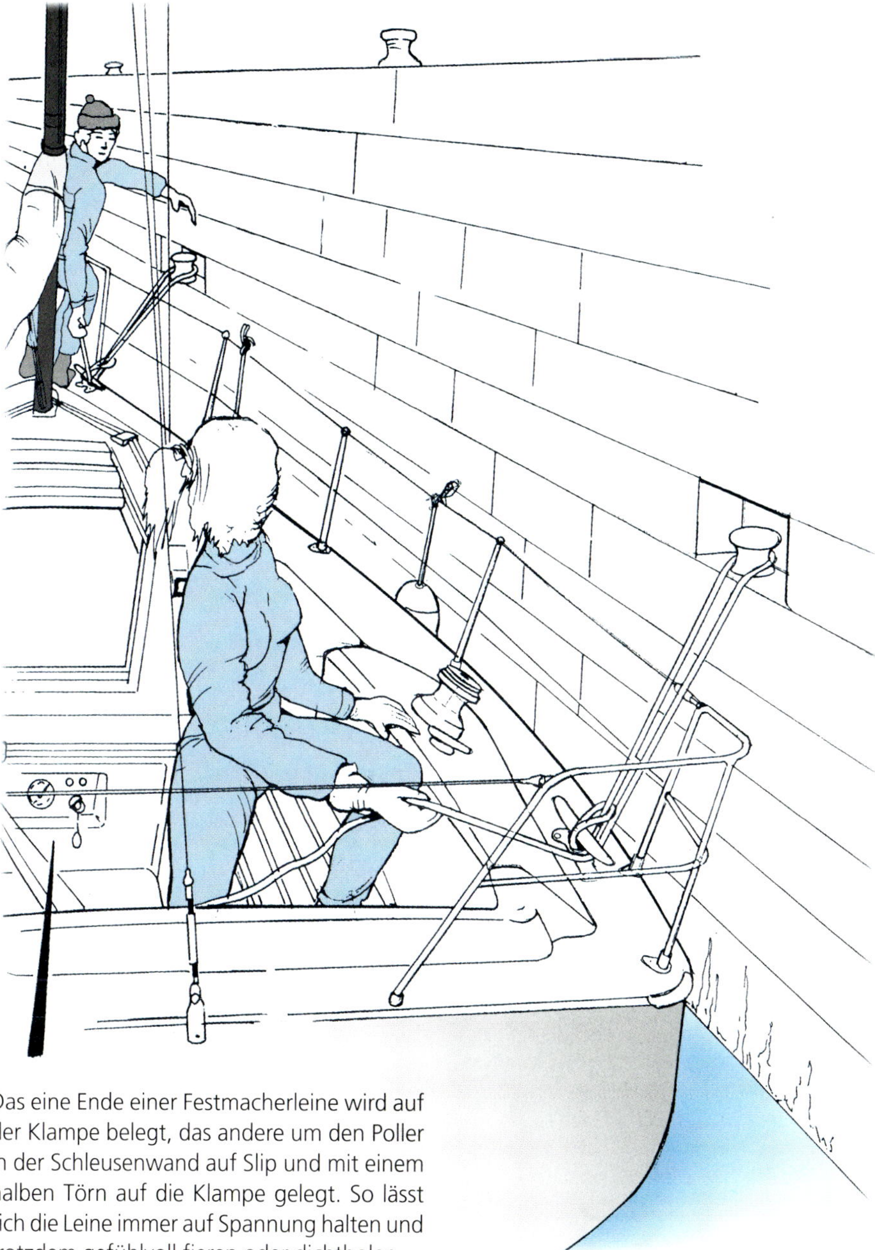

Das eine Ende einer Festmacherleine wird auf der Klampe belegt, das andere um den Poller in der Schleusenwand auf Slip und mit einem halben Törn auf die Klampe gelegt. So lässt sich die Leine immer auf Spannung halten und trotzdem gefühlvoll fieren oder dichtholen. Der Motor sollte während des Schleusens grundsätzlich mitlaufen (Pfeil).

Mann über Bord

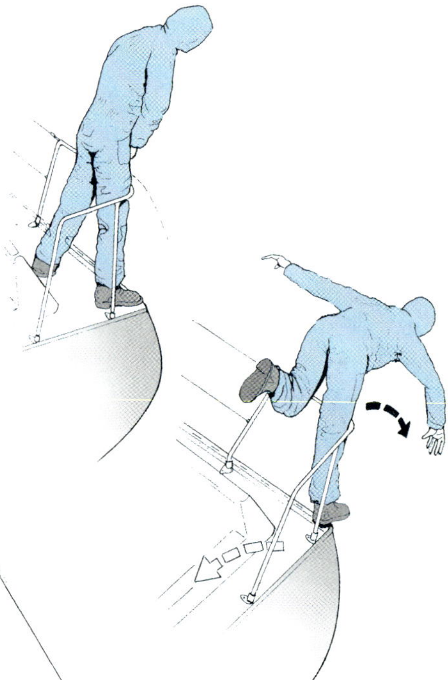

Die Seereling hat bekanntermaßen die Funktion, die Crew eines Schiffes davor zu schützen, über Bord zu fallen. Vielen geht es aber eher darum, das Deck nicht zu beschmutzen – etwa durch Seekrankheit oder durch allzu menschliche Bedürfnisse – als auf die eigene Sicherheit zu achten. Dreck kann man abspülen, eine über Bord gegangene Person wieder aufzunehmen, ist deutlich umständlicher. Und manchmal gelingt es gar nicht.

Die meisten Rettungsmittel sind für Regattayachten vorgeschrieben und sollten auch an Bord eines jeden Fahrtenschiffes vorhanden und in ordentlichem Zustand sein:

1 Eine Schwimmboje mit langer Stange und gut sichtbarer Flagge sollte so angebracht sein, dass ein Handgriff genügt, um sie über Bord zu werfen. Sinnvoll ist ein daran befestigter Rettungsring.

2 Ein oder besser zwei hufeisenförmige Rettungsringe, die ebenfalls mit einem Griff ins Wasser befördert werden können.

3 Der oder die Ringe sollten mit Blitzleuchten verbunden sein, die sich im Wasser senkrecht stellen und den Betrieb aufnehmen – wenn die Batterien noch voll sind.

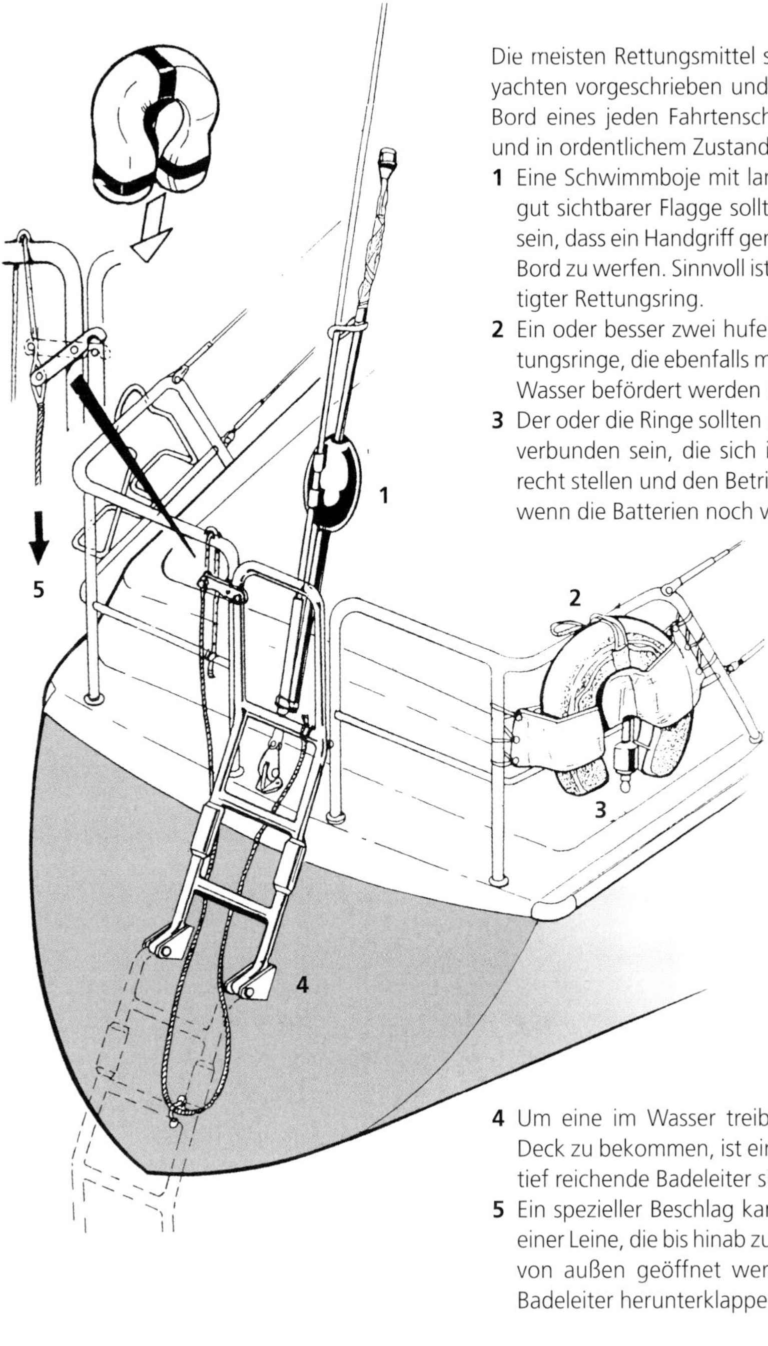

4 Um eine im Wasser treibende Person an Deck zu bekommen, ist eine ausklappbare, tief reichende Badeleiter sinnvoll.

5 Ein spezieller Beschlag kann durch Zug an einer Leine, die bis hinab zum Spiegel reicht, von außen geöffnet werden und so die Badeleiter herunterklappen.

4
5
1

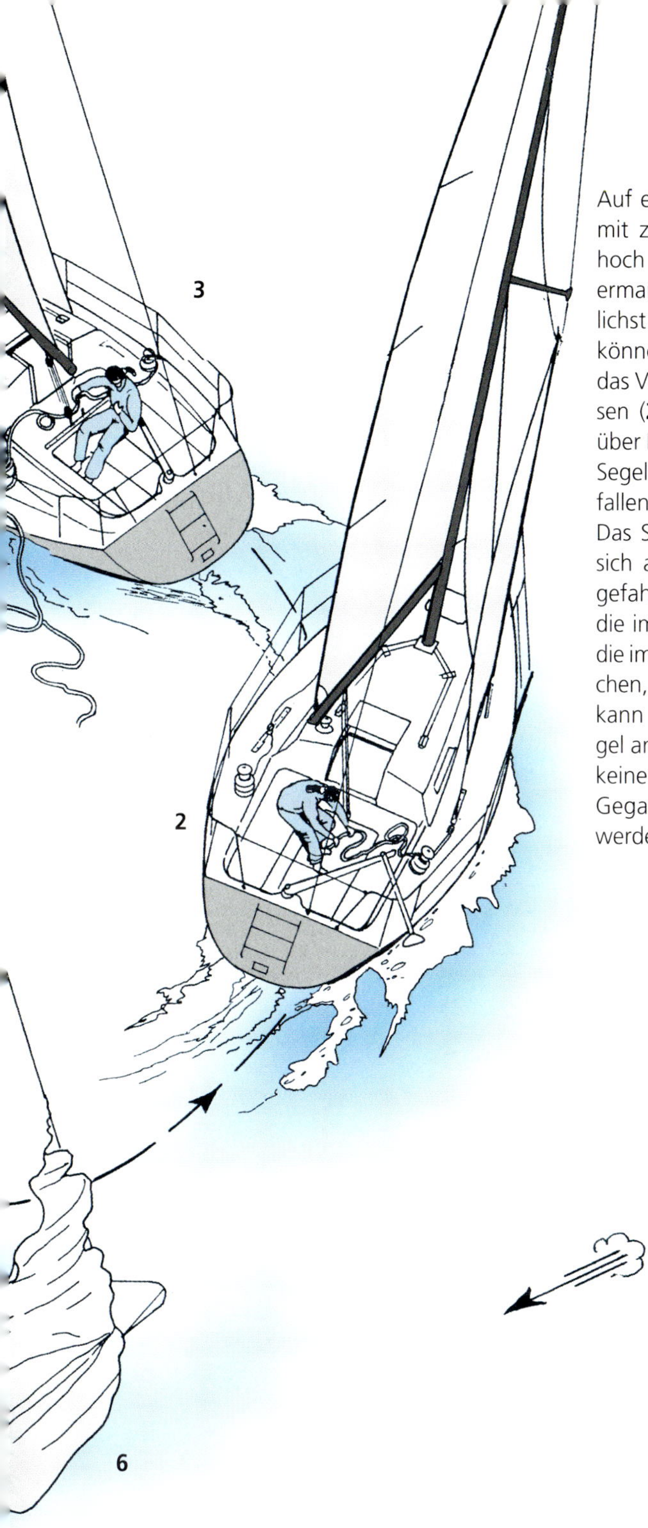

Auf einem kleinen Kreuzer, der nur mit zwei Personen besetzt ist und hoch am Wind segelt, geht der Steuermann über Bord (**1**). Um ihn möglichst schnell wieder aufnehmen zu können, wird eine Wende gefahren, das Vorsegel aber backstehen gelassen (**2**). Die freie Genuaschot wird über Bord geworfen (**3**). Mit dichten Segeln wird hart Ruder gelegt, abgefallen und eine Halse gefahren (**4**). Das Schiff macht kaum Fahrt, lässt sich aber noch steuern (**5**). Ist der gefahrene Kreis eng genug, müsste die im Wasser schwimmende Schot die im Wasser treibende Person erreichen, sodass sie sich daran festhalten kann (**6**). Danach werden beide Segel an Deck gefiert, das Boot macht keine Fahrt mehr und der über Bord Gegangene kann an Deck geholt werden.

Abbergen durch einen Hubschrauber

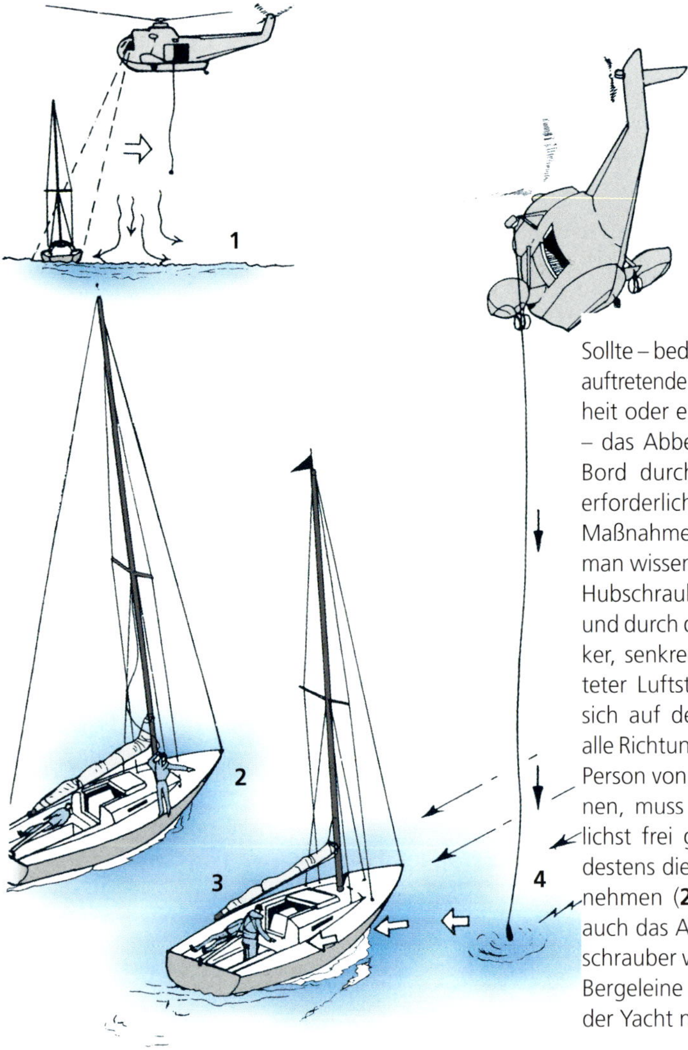

Sollte – bedingt durch eine plötzlich auftretende lebensgefährliche Krankheit oder eine schwere Verletzung – das Abbergen einer Person von Bord durch einen Hubschrauber erforderlich sein, sind bestimmte Maßnahmen zu treffen. Auch muss man wissen, dass das Sichtfeld des Hubschrauberpiloten begrenzt ist und durch die Rotorblätter ein starker, senkrecht nach unten gerichteter Luftstrom erzeugt wird, der sich auf der Wasseroberfläche in alle Richtungen verteilt (**1**). Um eine Person von Bord abbergen zu können, muss das Achterschiff möglichst frei gemacht werden. Mindestens die Backstagen sind abzunehmen (**2**), wenn möglich aber auch das Achterstag (**3**). Der Hubschrauber wird sich mit abgefierter Bergeleine langsam mit dem Wind der Yacht nähern (**4**).

1 Das Bergegeschirr wird mit einer dünnen Hilfsleine festgehalten, während sich die abzubergende Person den gepolsterten Gurt unter die Arme legt. Da der Gurt möglichst eng sitzen soll, ist für den Haken eine passende Öse zu wählen.

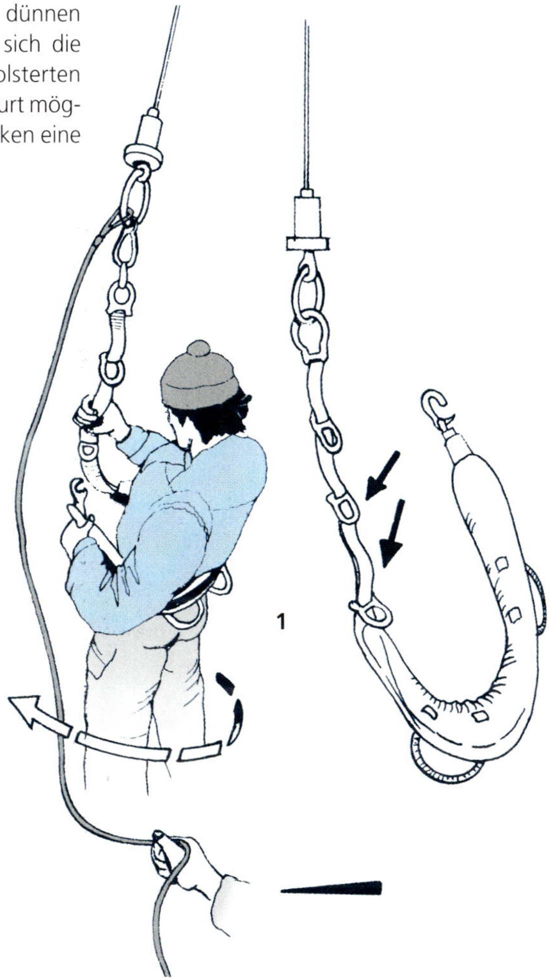

1

2

2 Häufig wird mit dem Bergegeschirr ein erfahrenes Mitglied der Hubschrauberbesatzung abgeseilt, das der zu bergenden Person die Rettungsschlaufe anlegt, sie an dem eigenen Geschirr befestigt und sich auf Handzeichen gemeinsam mit ihm aufwinschen lässt.

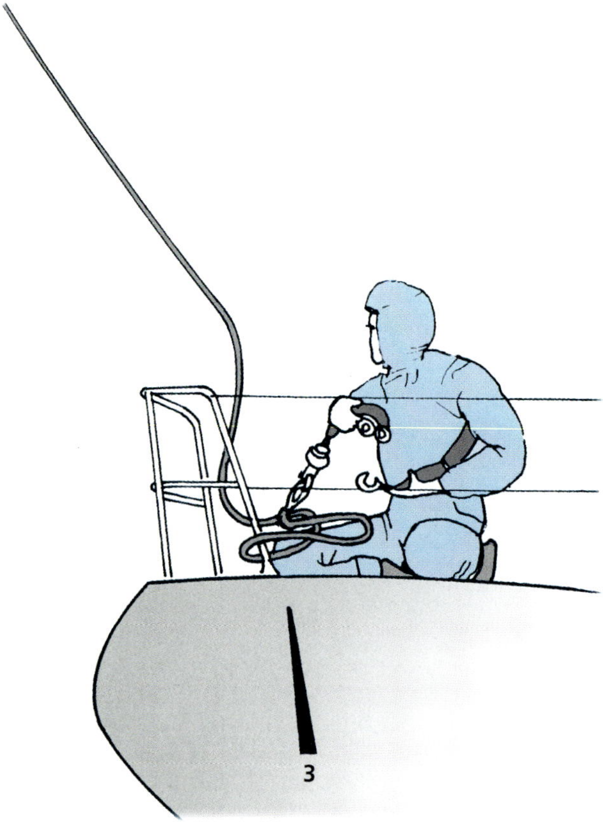

3 Beim Umgang mit dem Bergegeschirr ist unbedingt darauf zu achten, dass es sich an keinem Teil der Yacht verhaken kann. Im Extremfall könnte dies den Absturz des Hubschraubers zur Folge haben.

Rettung durch ein Seeschiff

Muss die Besatzung einer beschädigten Yacht, die möglicherweise bald zu sinken droht, von einem Berufsschiff abgeborgen werden, geht man in der Regel wie folgt vor:

1

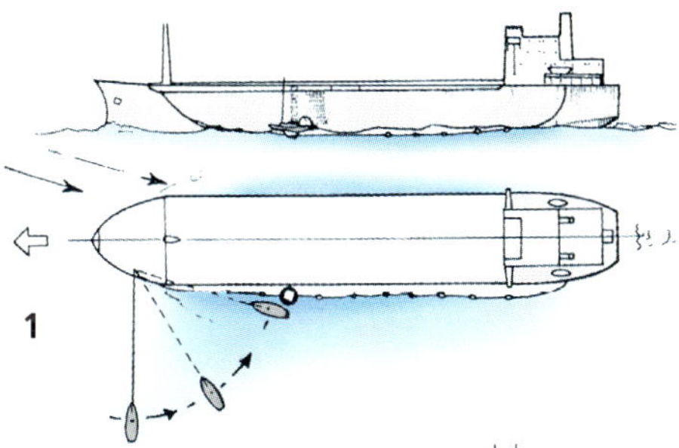

Das Berufsfahrzeug läuft mit langsamer Fahrt so auf die Yacht zu, dass diese in Windlee des großen Rumpfes treibt. Eine dünne Wurfleine wird übergeben, an der die schwerere Schlepptrosse befestigt ist. Durch die langsame Fahrt (**1**) wird die Yacht allmählich parallel zum großen Schiffskörper gebracht. Mit Glück hat die Besatzung des Berufsschiffes eine Fenderleine ausgebracht, die die Yacht vor Schäden schützen soll. Die Besatzung des Berufsschiffes wird die Schleppleine so weit fieren, bis die Yacht an einer günstigen Position liegt (**2**).

2

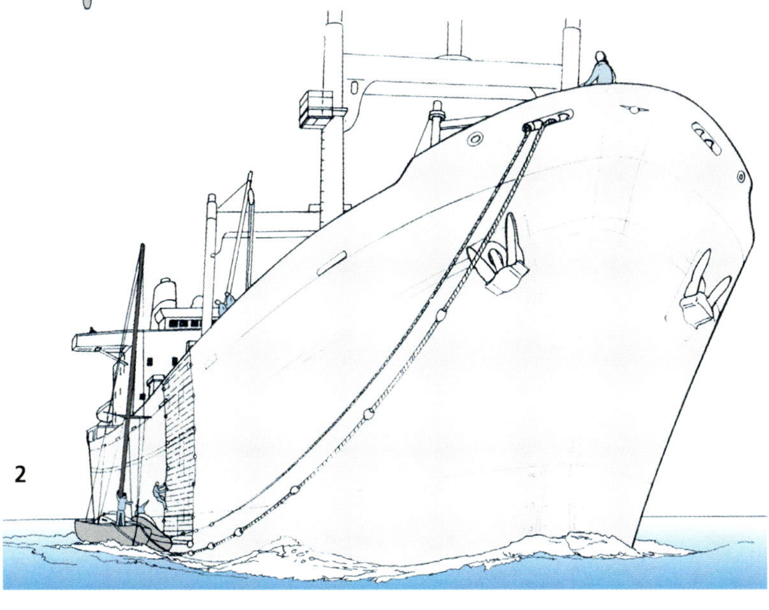

In schwerem Wetter kann es hilfreich sein, die aufgeblasene Rettungsinsel als Fender zwischen Yacht und Handelsschiff zu legen (**1**). Die Besatzung wird ein Enternetz ausbringen, an dem die Crew der Yacht an Bord des großen Schiffes klettern kann (**2**). Gegebenenfalls ist es zweckmäßig, einzelne Crewmitglieder mit einer Sorgleine zu sichern.

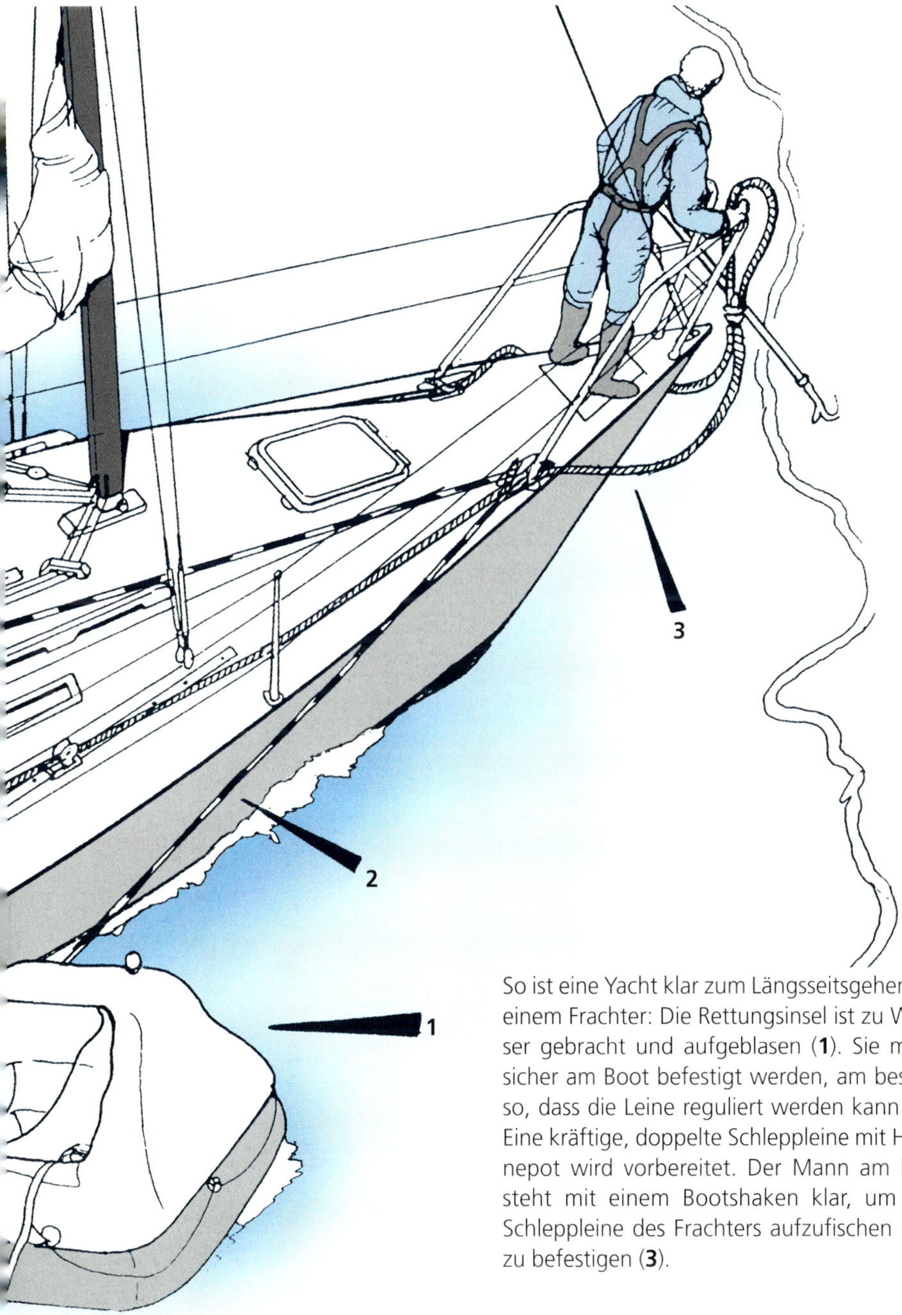

So ist eine Yacht klar zum Längsseitsgehen an einem Frachter: Die Rettungsinsel ist zu Wasser gebracht und aufgeblasen (**1**). Sie muss sicher am Boot befestigt werden, am besten so, dass die Leine reguliert werden kann (**2**). Eine kräftige, doppelte Schleppleine mit Hahnepot wird vorbereitet. Der Mann am Bug steht mit einem Bootshaken klar, um die Schleppleine des Frachters aufzufischen und zu befestigen (**3**).

Hilfe für gekenterte Jollen und Kats

Sieht man von einer Yacht aus, dass die Crew eines gekenterten Katamarans oder einer Jolle nicht allein klarkommt, sollte man zunächst langsam in Lee vorbeisegeln und fragen, ob Hilfestellung gewünscht ist.

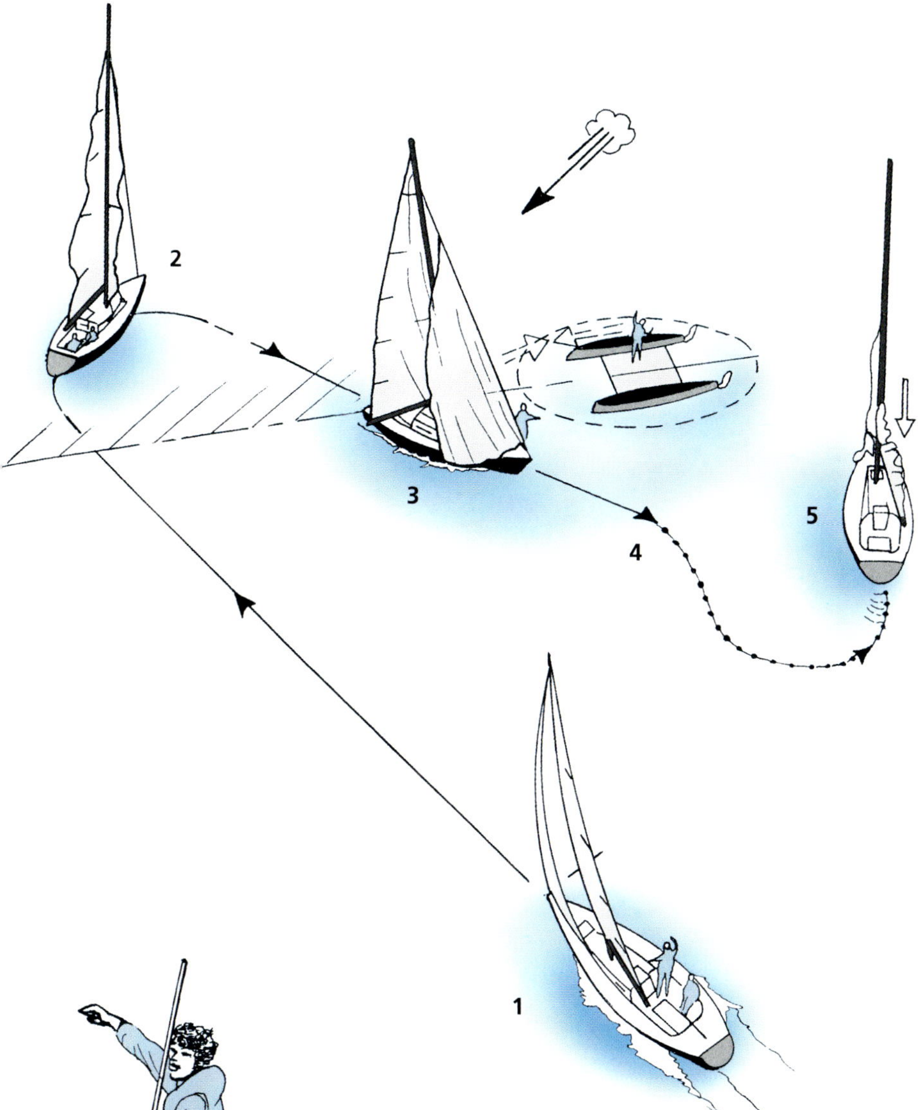

Eine Yacht segelt hoch am Wind (**1**) Frutiger Bold. In Luv liegt ein gekenterter Kat, dessen Crew um Hilfe winkt. Die Yacht läuft weiter nach Luv und wendet (**2**). Mit gefierten Segeln segelt sie langsam in Lee des Kats vorbei. Die Crew fragt, wie geholfen werden kann (**3**). Ein kurzes Stück weiter wird die Maschine der Yacht angeworfen (**4**), bevor im Wind stehend die Segel geborgen werden. Dann kann man dem gekenterten Boot (**5**) zu Hilfe kommen.

Um eine gekenterte Jolle wieder aufrichten zu können, müssen zwei Leinenverbindungen hergestellt werden. Die Crew der Jolle bringt zunächst eine Leine am luvwärtigen Püttingeisen an und wirft das andere Ende der Yacht in Lee zu. Eine weitere Leine wird am Ruderbeschlag befestigt und ebenfalls an die Yacht übergeben. Die Yacht läuft langsam vor dem Wind ab, bis die gekenterte Jolle quer zum Wind liegt (**1**).
Beide Leinen werden belegt, der Skipper der Yacht gibt etwas Gas (**2**). Durch Zug auf der am Pütting der Jolle befestigten Leine dreht sich das kleine Boot um die Längsachse, bis der Mast über Wasser kommt (**3**). Mit mehr Gas und unterstützt vom Wind wird sich die Jolle wieder aufrichten (**4**). Die Yacht fährt langsam rückwärts, die Leinenverbindungen können wieder gelöst werden (**5**).

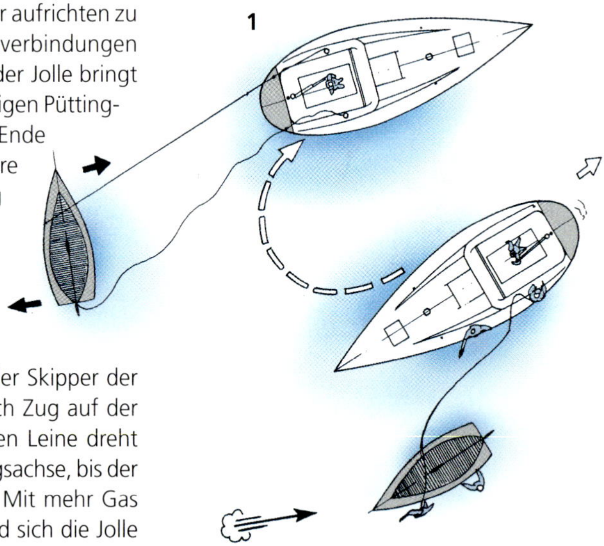

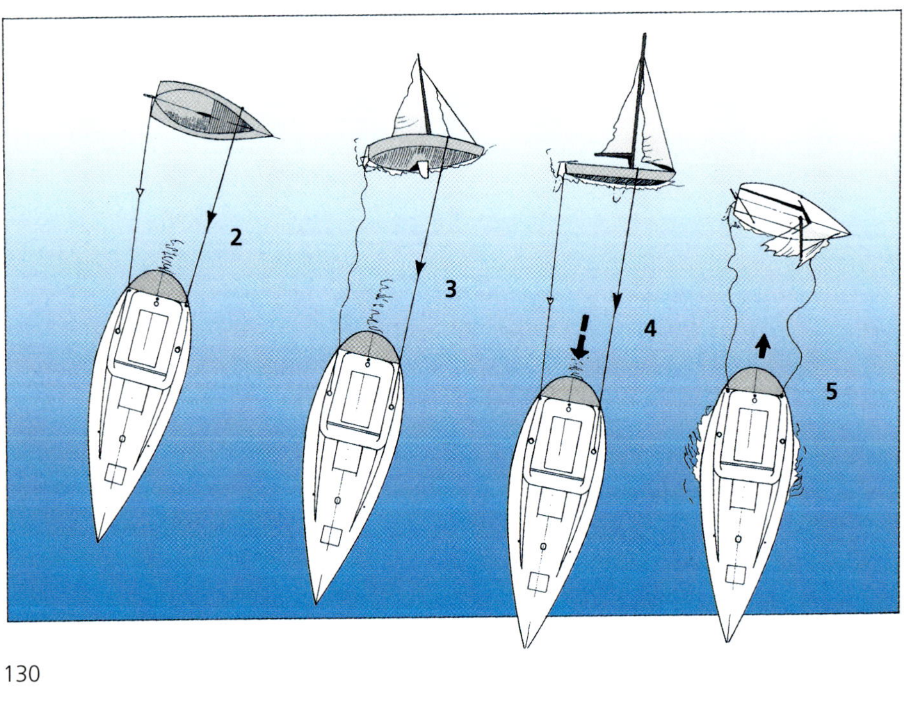

Die beiden Leinen werden an Bord der Jolle am luvwärtigen Pütting (**1**) und am Ruderbeschlag befestigt (**2**).

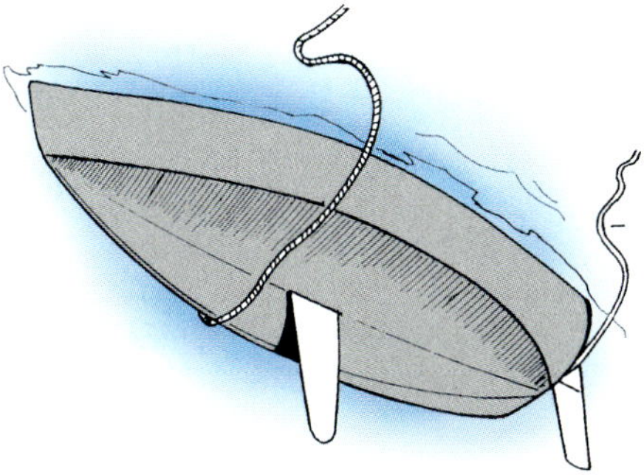

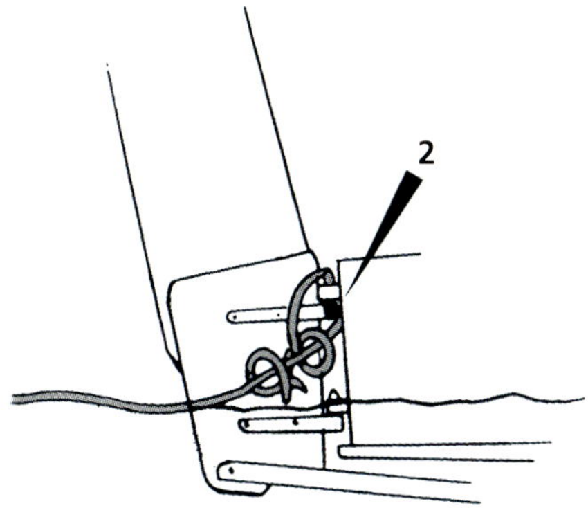

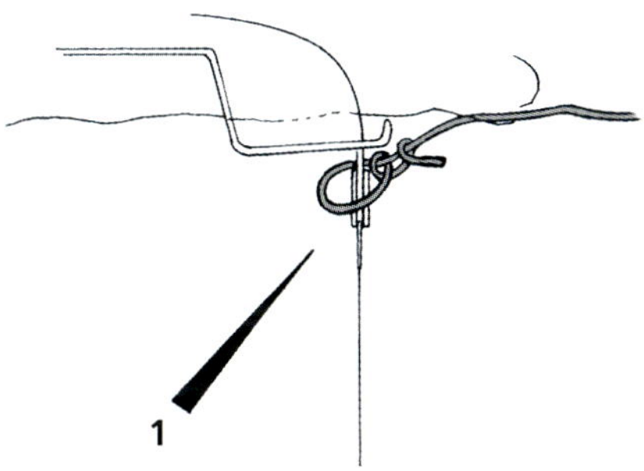

Liegt ein gekenterter Katamaran mit dem Mast auf dem Wasser, genügt es meistens, wenn man von der Badeleiter aus den Masttopp über die Wasseroberfläche hebt. Der Wind greift unter das Segel, während die Crew des Katamaranes auf dem unteren Schwimmer stehend an der Bergeleine zieht. Dann wird sich der Kat wieder aufrichten.

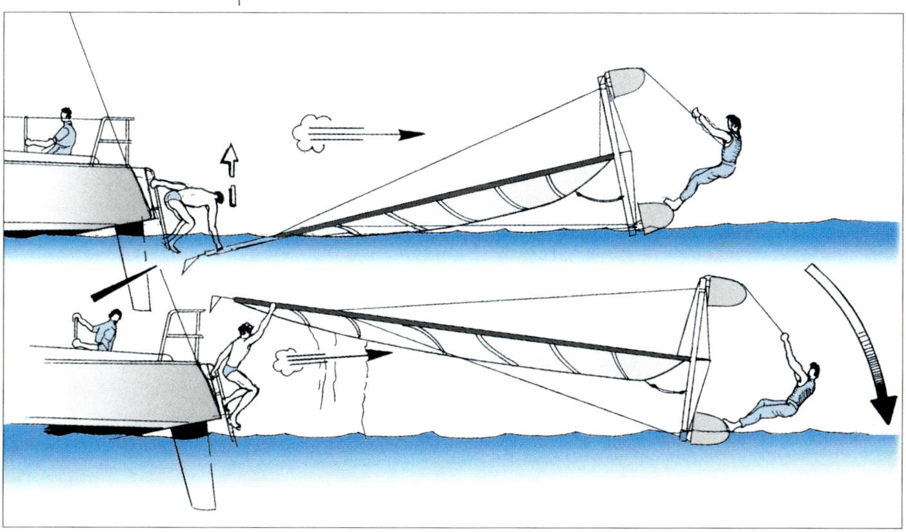

Der Einsatz der Rettungsinsel

Sollte tatsächlich der Fall eintreten, dass die Crew einer Segelyacht in die Rettungsinsel muss, sollte jeder an Bord wissen, wie man sie ins Wasser bringt und einsatzbereit macht:
Die verpackte Rettungsinsel wird ins Wasser geworfen, nachdem eine oder beide Leinen (je nach Fabrikat) belegt worden sind (**1**). Während einer der Crew an der Reißleine (**2**) zieht und damit den Aufblasmechanismus in Gang setzt, bewahrt der Festmacher die Rettungsinsel vor dem frühzeitigen Abtreiben (**3**). Inzwischen kann bereits die Badeleiter heruntergeklappt werden, damit die Insel leicht bestiegen werden kann (**4**).

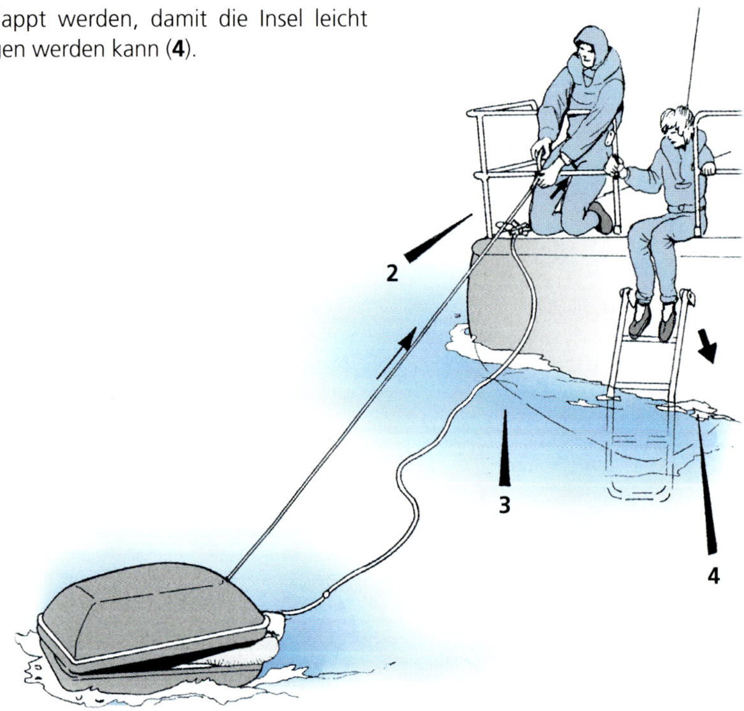

Das Dach der Rettungsinsel ist dafür ausgelegt, dass man notfalls von der Yacht aus aufspringen kann, um dann ins Innere zu klettern.

Es kann vorkommen, dass die aufgeblasene Rettungsinsel auf dem Dach schwimmt. Dann muss einer der Crew ins Wasser, die Insel mit dem Dach in Windrichtung drehen und an einer der zu diesem Zweck am Boden angebrachten Leinen ziehen, damit die Rettungsinsel in die normale Lage kommt.

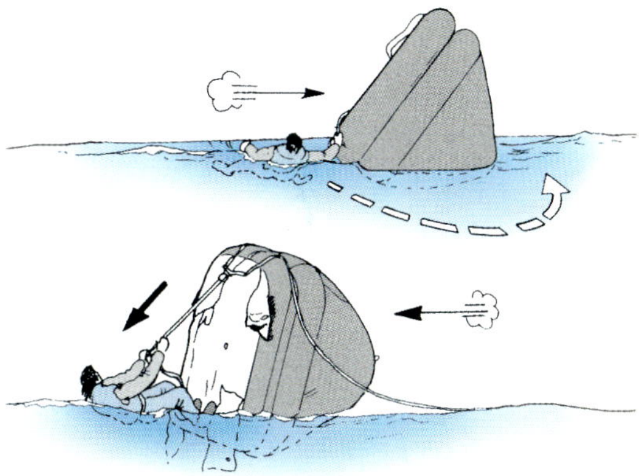

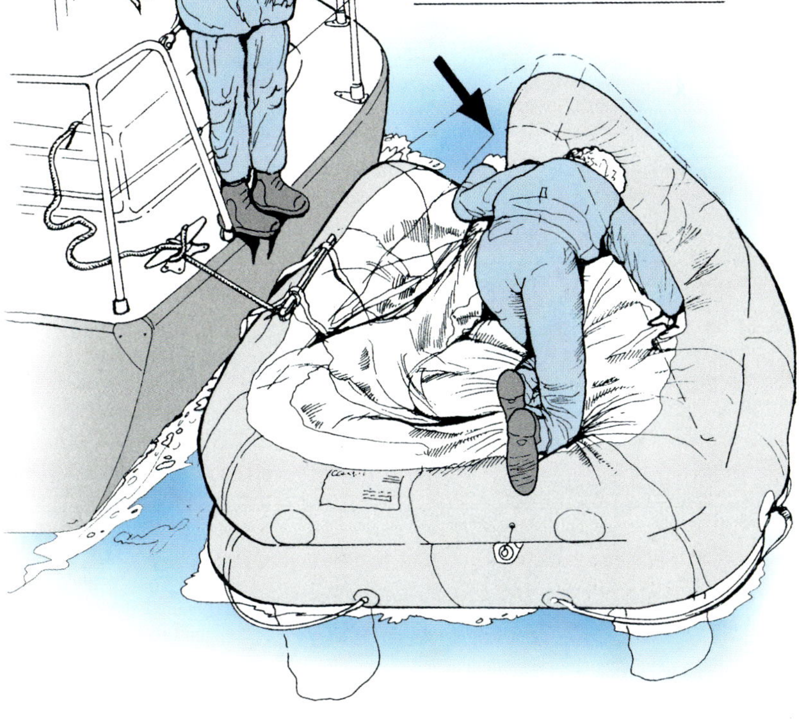

1 Damit die Insel beim Besteigen über die Strickleiter vom Wasser aus nicht kentert, müssen sich die Personen im Inneren auf die dem Einstieg gegenüberliegende Seite setzen. So können sie dem Einsteiger auch helfen und ihn über den dicken Wulst ins Innere ziehen.

2 In schwerem Seegang muss das Dach der Insel gegebenenfalls nach außen gedrückt werden, damit es den Brechern möglichst wenig Widerstand entgegensetzen kann. Nach kurzer Zeit werden die Personen innerhalb der Insel feststellen, wie das Rettungsgerät am besten zu stabilisieren ist (**3**).

1

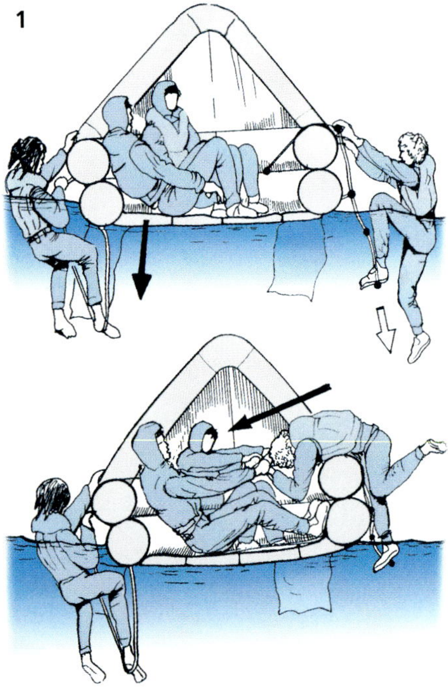

3

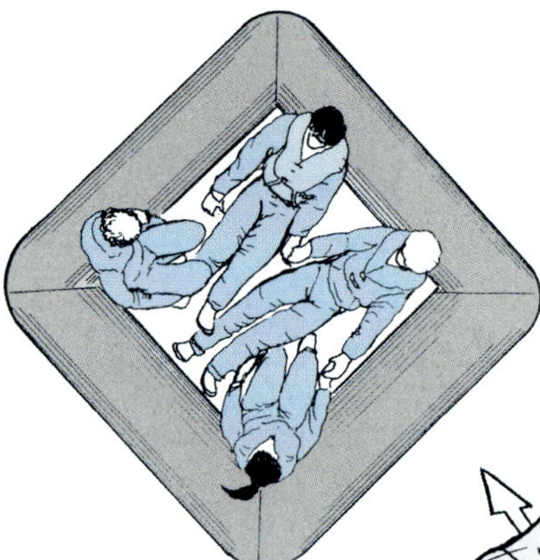

2

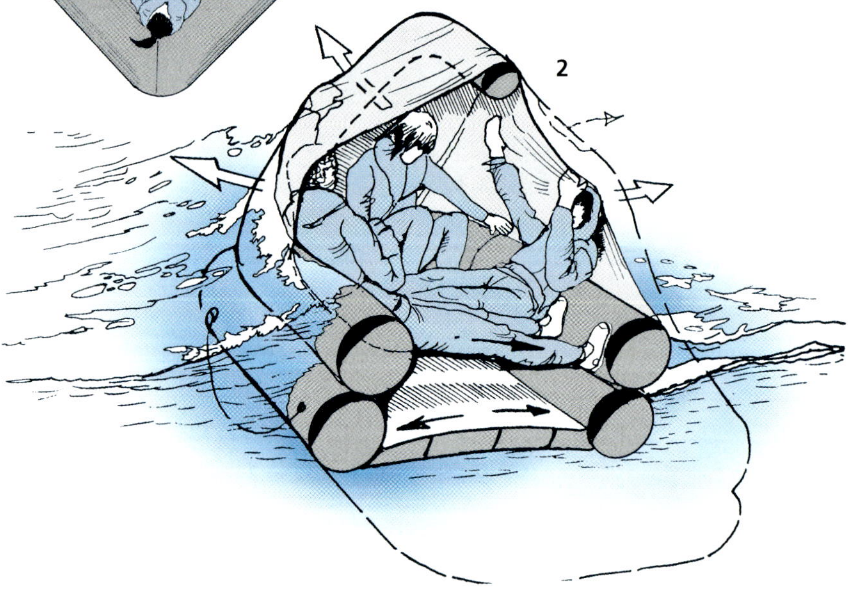

Bergen der Segel

Das Bergen der Segel sollte wenn möglich in ruhigem Wasser in Lee einer Mole erfolgen. Mit einer kleinen, aber eingespielten Crew ist dieses Manöver normalerweise kein Problem. Die Maschine wird gestartet. Gegen den Wind laufend, wird zunächst das Vorsegel geborgen und festgelascht, dann folgt das Großsegel. Mit dichtgesetzter Dirk und Großschot wird der Baum fixiert, das Segel aufgetucht und mit Zeisingen festgebunden.

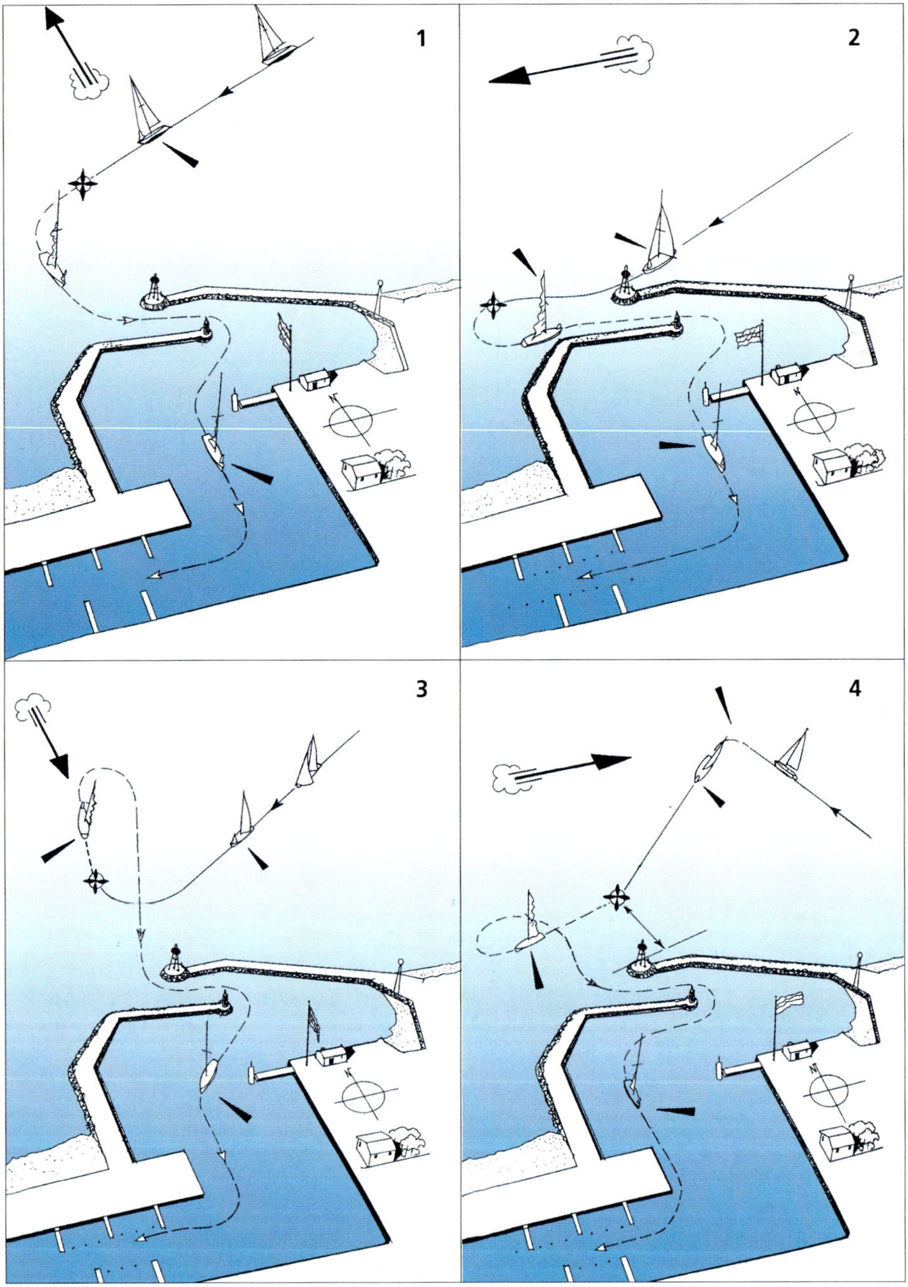
1
2
3
4

1 Liegt der Hafen in Luv, sind keinerlei Behinderungen durch Schwell zu erwarten. Vor der letzten Wende wird die Maschine angeworfen, dann das Vorsegel geborgen und in aller Ruhe festgezurrt. Während der Einfahrt in den Hafen gegen den Wind wird dann das Großsegel geborgen. Der Steuermann muss freie Sicht nach vorn haben.

2 Erreicht man die Hafeneinfahrt vor dem Wind segelnd, kann das Vorsegel frühzeitig heruntergenommen werden. Dicht vor der Einfahrt wird die Maschine gestartet und das Boot in den Wind gedreht, um das Großsegel bergen zu können.

3 Wenn der Hafen in Lee liegt, kann es unter Land zu unangenehmem Seegang kommen. Das Vorsegel kann bereits frühzeitig geborgen werden. Mit laufender Maschine wird kurz gegen den Wind gedreht und schnell das Großsegel weggefiert. Unmittelbar danach geht man wieder vor den Wind und läuft in den schützenden Hafen ein. Vor dem Wind kann das Großsegel bequem aufgetucht werden.

4 Erreicht man den Hafen kreuzend gegen den Wind, der parallel zur Küste weht, nimmt man das Vorsegel in der letzten Wende weg. Kurz vor dem Passieren der Hafeneinfahrt wird die Maschine gestartet. In den Wind gedreht, wird das Großsegel weggenommen. Im Hafen sollte man immer auf der Luvseite bleiben, damit man noch etwas Leeraum hat, falls ein über Bord hängender Tampen in die Schraube kommt. Das Großsegel kann aufgetucht werden.

Unten: Das Boot ist klar zum Anlegen. Die Crew sitzt im Cockpit, damit der Steuermann freie Rundumsicht hat. Die Fender werden mit Webeleinsteks an der Seereling oder besser an den Füßen der Stützen festgemacht und erst kurz vor dem Anlegen außenbords gehängt.

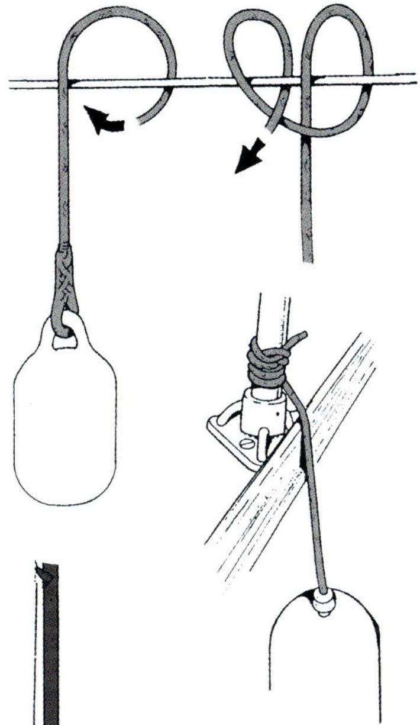

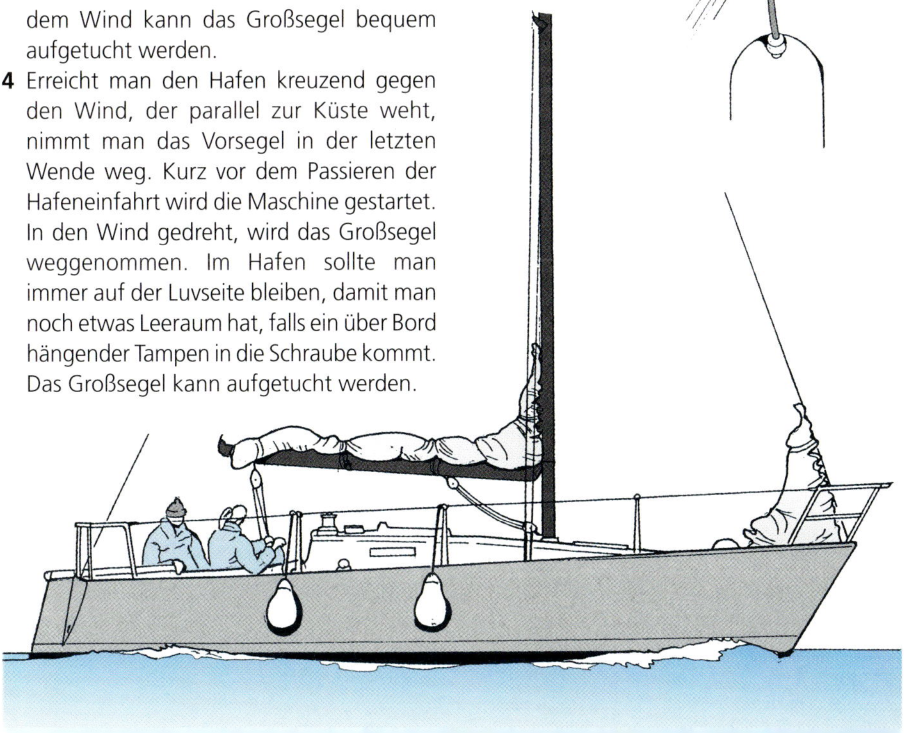

Festmachen im Hafen

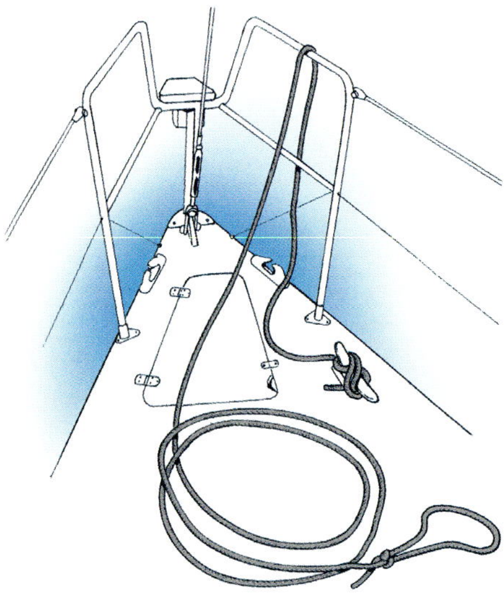

Sobald ein Liegeplatz ausgemacht worden ist, muss der Skipper entscheiden, wie das Schiff festgemacht werden soll. Dann können die Leinen klargelegt werden.

Rechts: So liegt eine Yacht an ihrem Dauerliegeplatz in einer Box: Die verspleißten Heckleinen laufen über Kreuz und die Vorleinen sind gegen Schamfilen an der Fußreling geschützt. Die dauerhaft angebrachte und gut durchgesetzte Hilfsleine (**1**) hilft, das Boot bei starkem Seitenwind sicher rückwärts in die Box zu führen.

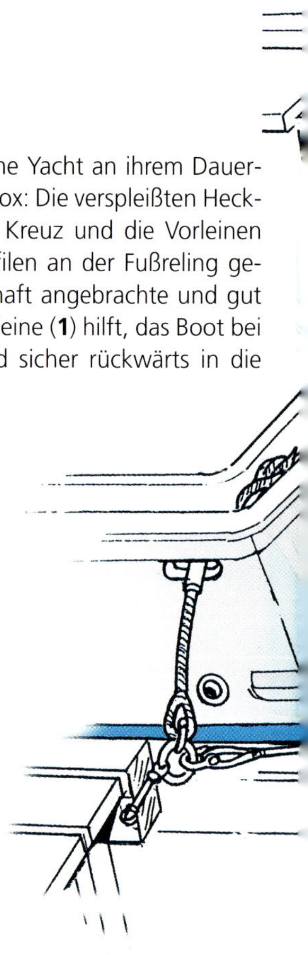

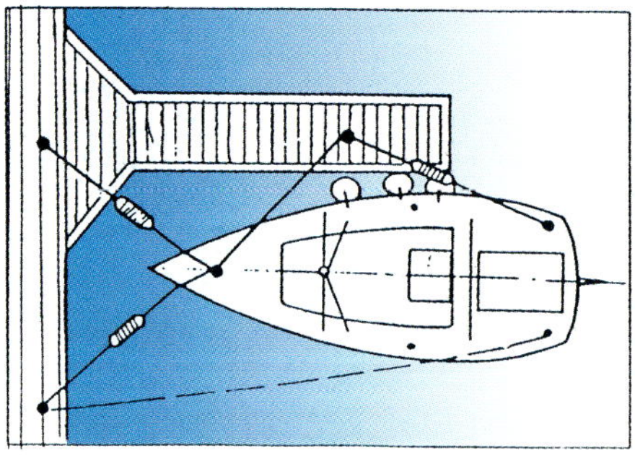

Um ein Boot an einem kurzen Schwimmstegausleger festzumachen, benötigt man zwei Bugleinen und zwei Springs. Wenn möglich, sollte auf der Wasserseite eine weitere Spring ausgebracht werden.

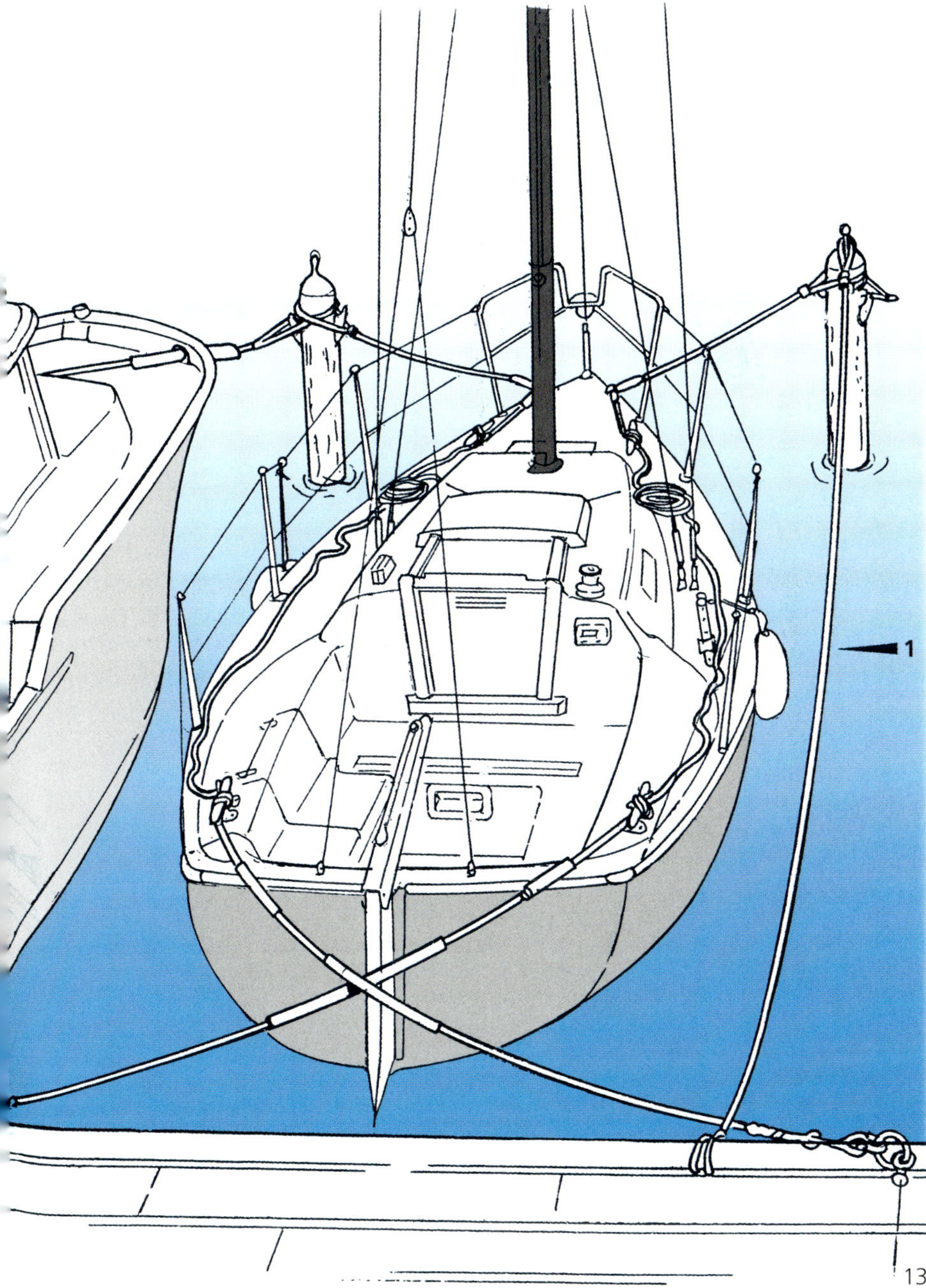
1

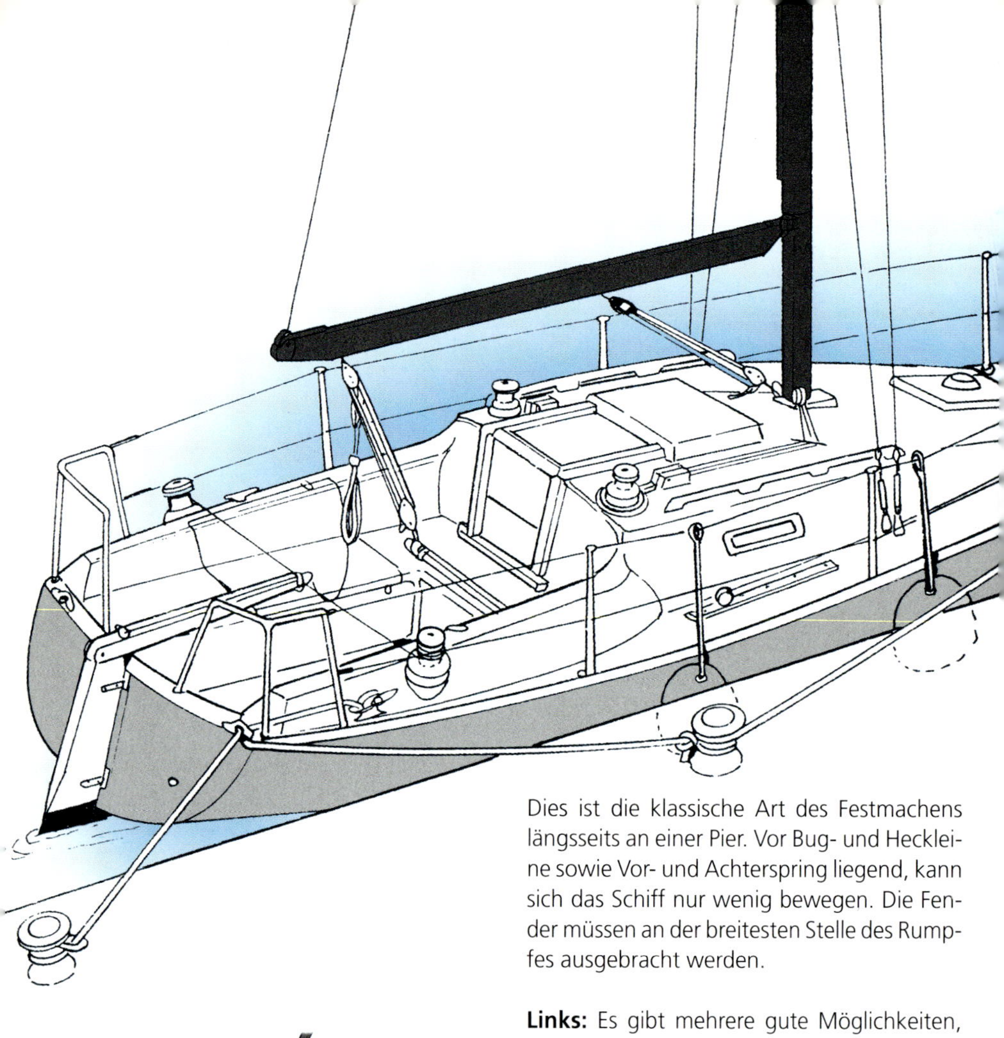

Dies ist die klassische Art des Festmachens längsseits an einer Pier. Vor Bug- und Heckleine sowie Vor- und Achterspring liegend, kann sich das Schiff nur wenig bewegen. Die Fender müssen an der breitesten Stelle des Rumpfes ausgebracht werden.

Links: Es gibt mehrere gute Möglichkeiten, einen Festmacher sicher an einem Ring zu belegen.

Unten: Schamfilings auf den Festmachern werden aus Schlauchstücken hergestellt und mit dem Festmacher vernäht.

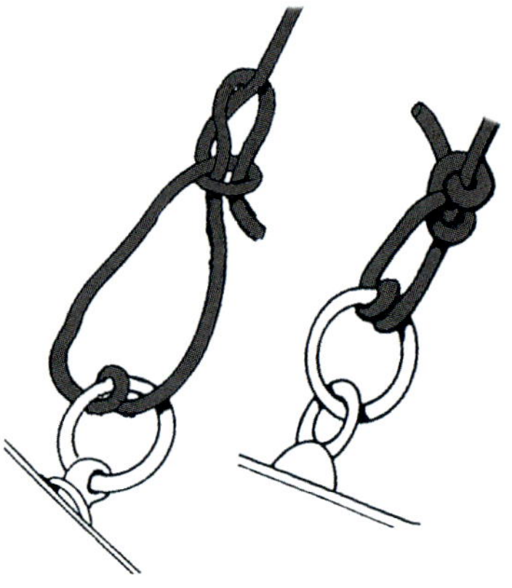

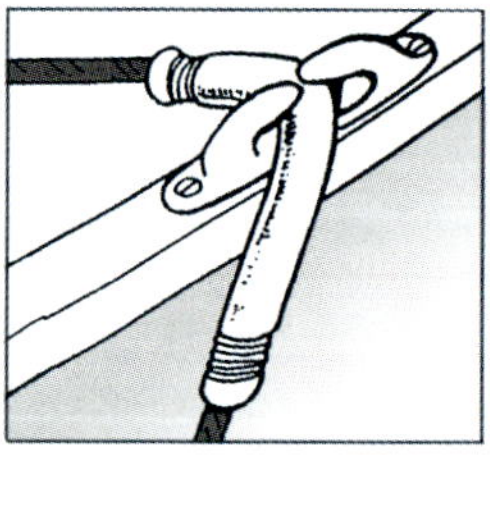

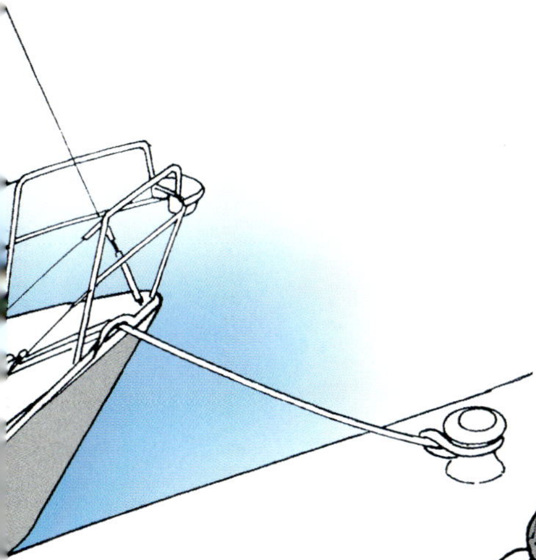

Einige verschiedene Möglichkeiten, die Schlauchstücke an einer bestimmten Stelle des Festmachers zu fixieren.

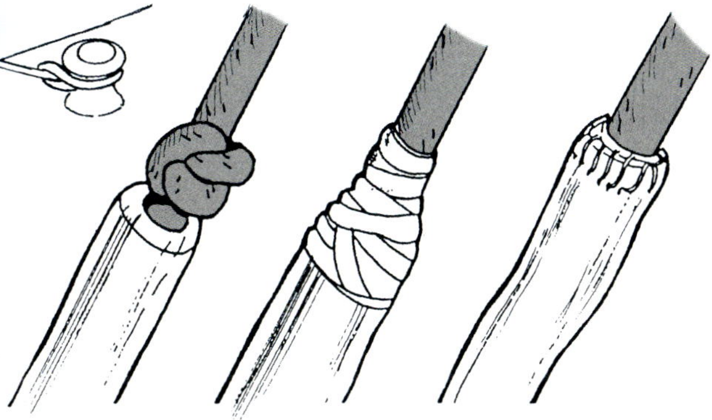

Diese Gummiteile haben eine hervorragende Federwirkung bei Schwell im Hafen und schonen die Festmacher enorm.

Den gleichen Effekt erzielt man mit diesen Metallfedern, die aber auf die Dauer rosten und irgendwann nicht mehr arbeiten. Ein Stück stabile Kette dient als Bruchsicherung.

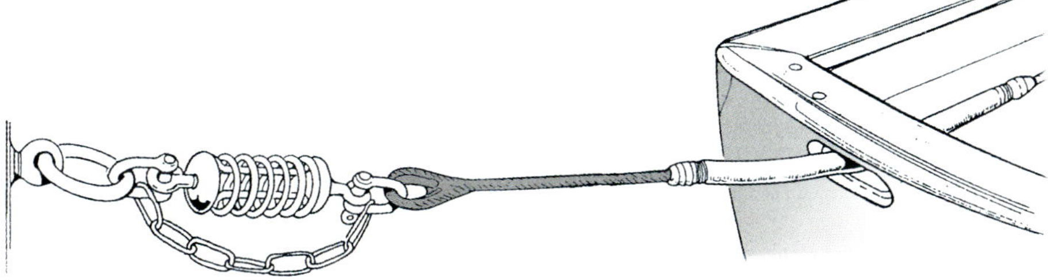

Die Autoren

Robbert Das – ein Holländer, der in Südfrankreich lebte und fast in der ganzen Welt zu Hause war. Seesegler von den viel zitierten Kindesbeinen an, plädierte er aufgrund eigener Schwerwettererfahrungen für die Seetüchtigkeit der Leichtbauweise und der Kurzkieler, als das Segler-Establishment diese Neuerungen noch verdammte. 1965 kam er als Kielboot-Tester zur *Yacht*.
Von ihm stammen die Kriterien für jene ersten überhaupt von einer Zeitschrift in Deutschland durchgeführten Bootstests. Sein visionärer Geist und sein flinker Zeichenstift ließen ihn so manche Entwicklungen auf dem Yachtsektor vorausahnen und vorwegnehmen. Seine Ideen flossen in erfolgreiche Konstruktionen ein. Auch den spektakulären Flügelkiel, mit dem die AUSTRALIA den America's Cup zu den Antipoden entführte, hatte er schon Jahre zuvor kraft seiner ingeniösen Intuition »erfunden«. Seine skizzierten Zukunftsvisionen ebenso wie seine überaus informativen unverwechselbaren »Röntgen«-Zeichnungen sind den Lesern der Zeitschriften *Yacht* und *boote* seit vielen Jahren vertraut.

Erik von Krause – *Yacht*-Redakteur mit dem Aufgabenbereich Navigation, Seemannschaft und Elektronik, stammt aus Essen. Seinen Hang fort von Fördertürmen und Hochöfen zu fernen Küsten befriedigte der gerade Zwanzigjährige als Crew auf großen Charteryachten in der 1971 noch recht exotischen Karibik. Seine dort in sieben Jahren erfahrene Segelpraxis brachte er als Lehrer in die renommierte deutsche Yachtschule in Glücksburg ein. Als gesuchter Navigator auf Regattaschiffen trug er entscheidend zum zweimaligen spektakulären Gewinn des Admiral's Cup bei. Viermal segelte er das berühmte Fastnet-Rennen und nahm an weiteren internationalen Hochseeregatten in aller Welt teil. Doch damit nicht genug: Nebenher entwickelte er Computerprogramme, um die Segelleistung von Rennyachten zu optimieren und die elektronische Navigation weiter zu automatisieren. Wenn er zufällig mal nicht auf Tonnern oder Maxis auf den Weltmeeren schwimmt oder auf seinem Redaktionsstuhl, heute als Technik-Redakteur bei *boote exclusiv*, hockt, residiert er auf einem selbst restaurierten historischen Hof an der Stör.

Weitere Bücher für Bootseigner mit technischen Interessen

Tim Bartlett
Außenbordmotoren
Arbeitsweise, Pflege und Wartung

Praxisband zu Technik, Wartung und Pflege von Außenbordmotoren.

ISBN 3-7688-1304-5

Don Casey
Der Yacht-Check
Mängel erkennen und beseitigen

Umfassender Check für Käufer und Verkäufer von gebrauchten Kunststoffyachten.

ISBN 3-7688-1150-6

Don Casey
Pflege rund ums Boot

Eigene Wartung und Pflege von Holz-, Stahl- und Kunststoffyachten. Viele instruktive Zeichnungen, knappe Texte.

ISBN 3-7688-0982-X

Don Casey
Rumpf- und Decksreparaturen

Kleine und große Bootsreparaturen: Praxisgerechte Schritt-für-Schritt-Anleitung mit anschaulichen Bildfolgen.

ISBN 3-7688-1028-3

Mark Chisnell
Segeltrimm für Fahrtenyachten

Für Fahrten- und Hobbysegler: Theorie und vor allem Praxis des perfekten Trimms.

ISBN 3-7688-1172-7

Gerti Claußen
Seekrankheit aktiv bewältigen

Seekrankheit vorbeugen und bewältigen mit allen Mitteln: alternative Heilmethoden und Psychologie.

ISBN 3-7688-1047-X

Robbert Das / Erik von Krause
Manöver für Segler

Die Manöver der Profi-Regattasegler für Einsteiger und erfahrene Skipper.

ISBN 3-7688-1427-0

Rolf Dreyer
UKW-Funkbetriebszeugnis und Sprechfunkzeugnis für die Binnenschifffahrt
Mit den amtlichen Prüfungsfragebogen

Der aktuelle Lehrstoff zu den Prüfungsanforderungen für SRC und UBI. Mit offiziellen Frage- und Antwortkatalogen.

ISBN 3-7688-1429-7

Jens Feddern
Theorie und Praxis der Bordelektrik

Alles, was Bootssportler über Strom an Bord wissen müssen: Batterie, Generator, Installation, Sicherung.

ISBN 3-7688-0913-7

Garth Graves
Holzarbeiten auf Yachten

Für nützliche Booteinrichtungen aller Art: Schritt-für-Schritt-Anleitungen für Wochenend-Bastler, auch für Anfänger.

ISBN 3-7688-1227-8

DELIUS KLASING

Jürgen Hauert
Medizinischer Ratgeber an Bord

Erste Hilfe und Vorbeugung für Verletzungen und Erkrankungen an Bord.

ISBN 3-7688-1015-1

David Houghton
Das Wetter auf See

Was jeder Bootssportler über das Wetter und seine Entstehung wissen sollte.

ISBN 3-7688-1114-X

Werner Kumm
Praxis der GPS-Navigation

Einführung und Ratgeber für die Praxis.

ISBN 3-7688-1016-X

Malcolm McKeag
Fahrtensegeln für Einsteiger

„Geheimnisse" der Segelei vom korrekten An-Bord-Gehen bis zu den wichtigsten Manövern.

ISBN 3-7688-1077-1

John Mellor
Der Fahrtensegler
Tipps und Ratschläge für die Praxis

Wertvolle Tipps eines erfahrenen Skippers.

ISBN 3-7688-1305-3

Claus Reissig
Das ideale Schiff
Typen – Ausstattung – Kosten

Objektive Entscheidungshilfen und handfeste Beurteilungskriterien zum Kauf und Chartern von Yachten.

ISBN 3-7688-1350-9

Don Seddon
Der Bootsdiesel
Funktion, Wartung und Reparatur

Alles über das wichtigste Stück der Sicherheitsausrüstung an Bord.

ISBN 3-7688-1078-X

Peter White
Der Außenborder
Funktion, Wartung und Reparatur

Anschauliche Einführung in Technik, Handhabung und Pflege von Außenbordern.

ISBN 3-7688-1096-8

Peter White
Motorbootfahren
Das Einsteigerbuch

Praxis für den Sportbootführerschein Binnen/Motor.
Mit Manöver-Bildsequenzen und Kauf- und Wartungs-Tipps.

ISBN 3-7688-1259-6

Bryan Willis
Die Regeln beim Segeln
Wettfahrtregeln in Bildern

Anwendung der neuen Wettfahrtregeln 2001 bis 2004 in typischen Regattasituationen: So nutzen Segler alle Rechte.

ISBN 3-7688-1048-8

Alle Bände:
Format 14,8 x 21 cm, kartoniert

Erhältlich im Buch- und Fachhandel

DELIUS KLASING